지도 위의 한국사

지도 위의 한국사

글 조지욱
그림 김효진

사□계절

머리말

역사를 보는 두 개의 눈

시간과 공간은 따로 떼어서 생각할 수 없습니다. 마치 동전의 앞면과 뒷면 같지요. 그래서 우리는 어떤 사건이나 현상을 이야기할 때 '언제?'라는 시간 정보에 뒤이어 '어디서?'라는 공간 정보를 말하게 됩니다. 그렇게 해야 듣는 사람이 말하는 내용의 앞뒤 맥락을 잘 이해할 수 있기 때문입니다.

공간과 시간처럼 지리학과 역사학도 아주 가까운 사이입니다. 역사학이 시간을 중심에 두고 연구하는 학문이라면, 지리학은 공간을 바탕으로 연구하는 학문이기 때문이지요. 그래서 역사를 좀더 객관적으로, 사실에

가깝게 이해하려면 과거에 일어난 사건을 지리학의 눈으로 볼 필요가 있습니다.

  역사를 지리학의 눈으로 보면 역사적 사건을 당시의 기후, 지형, 도시, 환경 등을 통해 재해석할 수 있습니다. 예를 들면 고려 말에서 조선 초까지 이어진 왜구들의 침략을 해류와 계절풍, 서남해안 조수간만의 차이와 연관 지어 생각하는 것입니다. 이렇게 하면 거친 바다 너머의 왜구들이 매년 4월~6월에 나타나, 쉽게 내륙 지방까지 침략했던 비결을 알 수 있지요.

  『지도 위의 한국사』는 학교에서 24년째 지리를 가르치고 있는 저의 눈을 통해 본 우리나라 역사 이야기입니다. 이 책을 보고 어린이 여러분이 우리나라 역사를 이해하는 지리학의 눈을 갖추기를 희망합니다. 그렇게 되면 더 재미있게 역사를 공부할 수 있을 테니까요.

2019년 7월
글쓴이 조지욱

차례

머리말 4

1. 한국인의 조상은 어디서 왔을까?   8
2. 고조선은 어디에 있었을까?   12
3. 한강을 차지하는 자가 삼국을 통일한다   17
4. 고려가 영토를 지키는 방법   23
5. 몽골은 왜 강화도를 점령하지 못했을까?   28
6. 계절풍과 해류를 타고 온 왜구   36
7. 조선 제일의 명당은 어디일까?   41
8. 팔도는 무엇을 경계로 나누어진 걸까?   47

9. 장원 급제를 꿈꾸며 떠나는 과거 길 51
10. 조선 시대에는 어떻게 세금을 걷었을까? 57
11. 명량 대첩 승리의 일등공신은 누구일까? 62
12. 왜 곡창 지대에서 농민 봉기가 일어났을까? 67
13. 일본이 개항을 요구한 세 곳은 어디였을까? 72
14. 일본은 왜 경복궁을 헐고 그 자리에 조선 총독부를 세웠을까? 78
15. 위도 38도선을 따라 갈라진 한반도 84
16. 국토의 복원 '통일 한국' 89

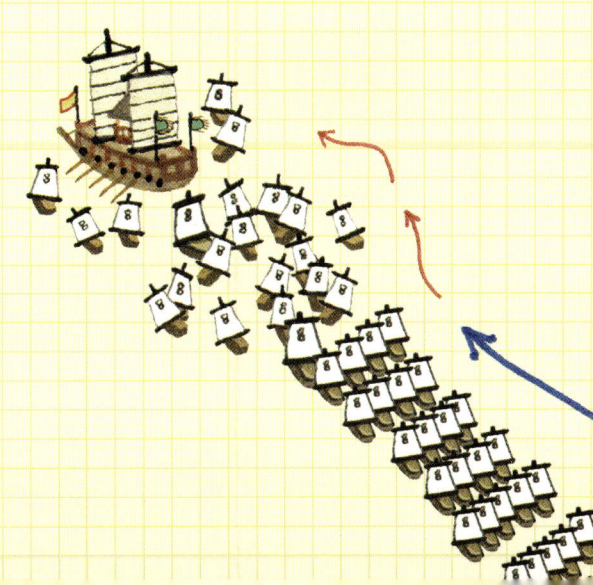

한국인의 조상은 어디서 왔을까?

70만 년 전 한반도의 모습

우리나라는 한국, 우리 민족은 한민족. 그래서 우리 땅은 한반도야. 반도는 바다를 향해 툭 튀어나온 육지를 말해. 한반도는 아시아 동쪽 대륙에서 태평양으로 툭 튀어나와 있지. 우리는 태어난 지 100년도 안 되었지만 우리 땅에는 70만 년 전에도 사람이 살았어. 100년이 7,000번 지나야 70만 년이니까, 정말 오래전이지. 그런데 그걸 어떻게 알았을까? 충청도 단양의 금굴이라는 동굴에서 70만 년 전 사람들이 썼던 돌도끼와 돌칼, 동물 뼛조각이 나왔어. 이 발견 덕분에 한반도가 아주 오래된 구석기 문화를 가진 땅임을 세계적으로 인정받았지.

단양 금굴 유적

상상해 봐. 70만 년 전 한반도는 어떤 모습이었을까? 지구의 기온은 오르고 내리기를 반복하기 때문에 70만 년 전 한반도는 지금 아프리카의 열대 지역처럼 1년 내내 여름이고, 비도 지금보다 더 많이 내렸을 수도 있어. '정말 그랬을까?' 하는 의심을 하게 될 텐데, 실제 한반도의 여러 동굴에서 수십 만 년 전에 살았던 코끼리, 하이에나, 표범 같은 열대 지방 동물들의 뼈가 발견되었어.

우리의 조상은 어디서 왔을까?

한반도는 오래전부터 주변 강대국들이 차지하기 위해 침을 흘리는 땅이었어. 그런데 구석기 시대에도 매력적인 곳이었나 봐. 70만 년 전부터 사람들이 이 땅에서 살아왔으니 말이야. 그러나 그때 한반도에 살았던 인간이 우리의 조상은 아니었어. 그들은 이미 멸종되어 지구상에 없지. 오늘날 우리의 조상인 호모 사피엔스는 약 4만~2만 년 전 무렵에 한반도에 들어왔다고 해. 그들이 어디서 왔는지에 대해서는 여러 가지 주장이 있어서 정확히 말하기 어려워. 하지만 지금까지 밝혀진 것을 보면 최초의 우리 조상은 아프리카에 살았대. 우린 피부색이 검지 않은데 조상이 아프리카에서 왔다니 거짓말 같지. 그런데 혹시, '오스트랄로피테쿠스'를 떠올리니? 그들은 이미 멸종된 최초의 인류지, 우리의 조상은 아니야. 우리는 '호모 사피엔스'의 후손이지.

그럼, 우리 조상을 찾아서 잠시 과거로 여행을 떠나 볼까? 약 6만 년 전, 인류는 아프리카를 떠나 북쪽의 유럽과 동쪽의 아시아로 이동하기

시작했어. 왜 이동했는지는 분명하지 않아. 인구가 늘어서 식량이 부족해졌거나 자연재해 때문에 살던 곳을 떠날 수밖에 없었을 수도 있지. 아니면 종족 간 싸움에서 밀려나 새로운 땅을 찾아 이동한 것일 수도 있어. 유럽과 아시아의 여러 지역으로 퍼져 나간 인간은 그곳에서 살면서 피부색과 머리카락의 모양이 제각기 달라졌어. 자연과 생활 습관의 영향을 받아서 외모가 변한 거야.

그동안 우리 한국인의 조상은 주로 시베리아나 중국에서 왔다고 믿었어. 어떤 학자는 우리 조상이 시베리아에서 순록을 키우는 유목민이었다고 주장했어. 왜냐하면, 그들과 우리 민족이 외모나 문화적으로 비슷한 데가 있기 때문이었지. 그런데 아시아 사람들의 유전자를 분석한 결과 한반도로 온 인류는 주로 동남아시아에서부터 중국과 시베리아를 거쳐서 왔다는 결과가 나왔어.

인류의 이동은 몇만 년이라는 긴 시간 동안 살기 좋은 기후를 찾아가는 과정이었어. 아프리카를 떠난 인류가 추운 시베리아보다는 따뜻한 남부아시아와 동남아시아로 먼저 이동했던 거지. 내 몸에 아프리카, 동남아시아 사람들의 유전자가 있다는 것이 좀 신기하지? 그러니 외국인을 만나거든 더 친절하게 대해 줘. 아주 오래전 우리는 서로 가족이었을지도 모르니까.

2 고조선은 어디에 있었을까?

최초의 국가가 탄생하기까지

인류는 석기 시대가 끝날 무렵부터 청동기를 사용하기 시작했어. 아니, 인간이 청동기를 제작하기 시작하면서 석기 시대가 끝났다는 말이 더 맞을 거 같아. 청동기 덕분에 농기구와 전쟁 무기의 성능이 훨씬 좋아졌어. 농기구의 성능이 좋아지니까 자연스럽게 농업 생산량이 늘어났고, 무기의 파괴력이 높아지니 식량과 토지를 차지하기 위한 전쟁도 더 치열하게 벌어졌지.

청동기의 원료는 구리야. 구리는 자연 상태에서는 유리처럼 돌에 박혀 있는데, 이를 불에 녹여야 얻을 수 있어. 철기 시대보다 청동기 시대가 먼저 온 것은 구리가 철에 비해서 지표면에 가깝게 묻혀 있어서 캐내기 쉽고, 낮은 온도에도 녹았기 때문이야. 당시 토기를 굽던 정도의 화력이면 가능했어. 하지만 구리만으로 만든 창이나 칼은 물렀어. 그런데 이집트에서 어떤 천재가 구리에 주석을 넣어서 단단한 합금을 만든 거야. 구리와 주석을 약 7 대 3 비율로 섞으니 단단한 청동이 되었어.

오늘날의 중국 지역에서 한반도로 청동기 제작 기술이 들어온 시기는 기원전 1000년경이래. 청동기 시대가 열리면서 농업 생산량이 증가하고 넓은 영토와 많은 인구를 가진 사회가 만들어졌어. 여기에 문자와 법, 제도 등이 갖추어지고 사회를 통솔할 관리자도 나타났지. 이처럼 인간이 문명을 갖추어 가면서 점차 도시가 생기고, 그것들이 합쳐져서 국가가 만들어졌어. 그리고 기원전 7세기경, 청동으로 만든 무기를 갖추고 주변 부족을 정복하며 덩치를 키운 국가가 우리 땅에도 처음 나타났어. 바로 고조선이야.

고조선은 어떤 나라였을까?

고조선의 본래 이름은 '조선'이야. 훗날 이성계가 고려를 무너뜨리고 새로 건국하는 나라에 '조선'이라는 이름을 쓰면서 옛 조선을 '고조선'이라고 불렀지.

고조선은 백두산 지역을 영토로 포함하고 있었는데, 백두산 일대는 흑요석이 많이 나는 곳이었어. 흑요석은 화산이 폭발할 때 마그마가 순식간에 식어서 굳으면서 만들어진 광석이야. 쪼개질 때 유리처럼 날카로운 모서리가 생기는 특성이 있어. 이런 점 덕분에 흑요석은 창이나 화살촉 같은 무기류뿐만 아니라 돌칼, 밀개 같은 가공용 도구의 재료로도 훌륭했어. 또한 백두산 일대는 고조선의 대표 수출 품목인 모피호랑이·표범·담비의 털가죽의 주요 생산지였어. 백두산에서 얻은 모피와 그것을 가공할 수 있는 흑요석은 고조선이 발전하는 데 큰 보탬이 되었지.

고조선은 무역뿐 아니라 농업도 발달한 나라였어. 청동기에 이어서 철기를 이용하면서, 점차 농기구도 철기로 만들기 시작했어. 철로 만든 쟁기나 괭이, 도끼를 쓰니 적은 노동력으로 더 많은 일을 할 수 있었어. 자연히 농사가 잘되고 식량이 늘어났어. 이 무렵에 생산한 주요 곡식은 조, 피, 기장, 수수 같은 잡곡이었어. 이 작물들은 춥고 건조한 한반도 북쪽 땅에서도 잘 자랐지. 일부 습한 지역에서는 벼농사도 지었어. 그러나 벼는 햇볕과 물이 풍부한 기후에 알맞았어. 그래서 춥고 건조한 한반도 북쪽 지역에서는 재배하기가 불리했지.

고조선은 랴오둥 반도와 발해만을 끼고 있어서 중국과 한반도를 오가는 바닷길도 편리했어. 이처럼 고조선은 중국과 육지로도 바다로도 가까이 연결되어 있었기 때문에 선진 문물을 맨 먼저 받아들일 수 있었고, 모피 같은 특산물 교역도 활발하게 할 수 있었어.

고조선의 영역은 어디까지였을까?

국가가 되려면 무엇을 갖추어야 할까? 먼저 주권을 가진 국민과 그들이 살아갈 영토가 있어야 해. 서남아시아의 쿠르드 족은 인구가 3,800만 명에 이르지만 그들만의 영토가 없어. 그래서 지금도 국가를 세우지 못한 소수민족일 뿐이야. 그렇다면 고조선의 영토는 어땠을까? 고조선에 대해서는 역사 기록이 너무 적어서 영토의 위치와 범위를 정확히 알기 어려워.

현대 국가는 영토뿐 아니라 영해, 영공으로 이루어져 있어. 영토는 자기 나라의 본토와 섬이고, 영해는 바다, 영공은 하늘이지. 국제법에서 영

해는 해안에서 12해리약 22킬로미터, 영공은 약 10킬로미터 상공까지를 자국의 것으로 인정해 줘. 그런데 청동기 시대에 영해나 영공의 개념은 없었어. 그러니 고조선의 영토만 따져보자.

청동기 시대의 고조선은 중국의 랴오허 강과 한반도의 대동강 유역을 중심으로 발전했고, 두만강 일대까지 세력이 미치는 나라였어. 당시는 국경선이 분명하지 않았고, 국가와 국가 사이에는 주인이 없는 빈 땅도 아주 많았어. 그래서 현재 교과서에서도 고조선 영토는 국경선으로 표시하지 않고 비파형 동검이나 탁자식 고인돌이 많이 발견되는 '고조선의 문화 범위'로 표현하고 있어. 비파형 동검은 비파라는 악기를 닮은 청동 칼이고, 탁자식 고인돌은 탁자처럼 다리를 세우고 그 위에 큰 돌을 괴어서 만든 무덤이야. 둘 다 고조선이 있었음을 알려주는 대표적인 유물들이지.

여느 나라처럼 고조선의 영토 역시 힘이 강할 때는 넓어졌고, 다른 나라의 공격을 받을 때는 좁아졌어. 어쨌든 분명한 것은 고조선이라는 우리 역사 최초의 국가가 한반도 북쪽에 위치했고, 그곳에 자리 잡은 덕분에 중국의 선진 문물을 일찍부터 받아들여 발전했다는 점이야. 그리고 고조선은 기원전 108년에 멸망하면서 그 세력이 한반도 남쪽으로 내려와 훗날 삼국 시대의 뿌리가 되었어.

3 한강을 차지하는 자가 삼국을 통일한다

한강은 어떤 강일까?

한반도에서 가장 '긴' 강은 중국과 북한 사이를 흐르는 압록강으로 길이가 약 800킬로미터에 이르러. 하지만 삼국 시대부터 한반도에서 가장 '중요한' 강은 약 480킬로미터 길이의 한강이었어. 한강은 '큰 물줄기'를 뜻하는 '한가람'에서 온 이름이야. 고구려의 광개토대왕릉비에는 '아리수'라고 적혀 있는데, 서울시에서는 서울의 수돗물을 '아리수'라고 이름 지었지. 백제 때는 '욱리하'라 했고, 나중에는 '한수' 또는 '한강'이라 불렀어.

한강은 우리 몸의 핏줄처럼 한반도 중부 지역에 퍼져 있는 많은 물줄기들이 모여서 된 큰 강이야. 그중에서 대표적인 두 물줄기는 북한강과 남한강이야. 북한강은 금강산에서 시작해 강원도를 지나 경기도로 흘러오고, 남한강은 태백산에서 시작해 강원도와 충청도를 지나 경기도로 흘러오지. 그리고 두 강은 양수리에서 만나. 양수리는 '두 강이 만나는 곳'이라는 뜻이야. 양수리에서 만난 북한강과 남한강은 한강을 이루어 서울을 지나 인천 앞바다, 곧 서해로 나가지. 한강은 이처럼 넓은 지역에 걸쳐 흐르기 때문에 오늘날에도 한강의 혜택을 받는 사람이 아주 많아. 남한 인구 5,000만 명의 절반 정도는 되지.

이렇게 큰 한강이 한반도의 허리를 감으며 흐르고 있으니, 한강을 건너야 북쪽이든 남쪽이든 갈 수 있었어. 그뿐만 아니라 한강을 차지하면 서해를 건너 중국으로 갈 수 있었어. 지금이나 그때나 중국과의 교류가 중요했거든. 또 한강을 차지하면 주변의 드넓은 농토와 그곳에 사는 인구를 얻는 것이기에 한강 유역은 고구려, 백제, 신라 모두에게 아주 중요한 땅이었어.

강을 차지한다는 것은?

강은 먹을 것이 많이 들어 있는 자연의 냉장고야. 강에는 물고기가 있고, 마실 물이 있지. 또 강 주변에 기름진 평야도 있어. 강 주변의 평야는 비가 많이 왔을 때 강물이 넘쳐서 만들어진 거야. 우리나라는 여름에 비가 많이 오기 때문에 홍수가 자주 일어났어. 지금도 우리나라의 가장 큰 자연재해는 홍수야. 강이 넘치면 물속에 있던 흙이나 자갈이 함께 주변으로 흩어지게 돼. 그리고 물이 빠지면 그 자리에 쌓이지. 매년 이런 일이 반복되면 하천 주변에는 넓은 평야가 만들어져. 이렇게 만들어진 평야는 영양분이 많은 농토가 되기 때문에 농사를 짓기에 아주 좋았어. 결국 한강을 차지하면 강줄기만이 아니라, 한강 유역이라는 한반도 중부 지역 최대의 비옥한 농토를 차지하는 셈이었지. 또 한강 주변은 많은 인구가 사는 땅이므로 나라를 운영하기 위한 세금이나 군인을 확보하는 데도 큰 보탬이 되었어.

또한 강은 도시를 이어주는 고속도로였어. 인간들이 강 주변에 모여 살면서 강을 따라서 도시들이 생겼지. 그래서 배를 타고 강을 따라 가면 각 도시에서 생산된 곡물, 옷감, 수공품 등을 쉽게 운반할 수 있었어. 이 물길을 따라서 장사를 하고 세금을 거두었지.

그러니 한강을 차지한다는 것은 영토를 넓히는 차원을 넘어 한반도에서 부강한 국가를 건설하기 위해 꼭 갖추어야 할 요건이었던 거야. 삼국을 통일하려면 한강을 먼저 차지해야 한다는 것은 당시 모든 나라의 상식이었어.

한강의 주인은 누가 되었나?

삼국 중 한강을 가장 먼저 차지한 나라는 백제였어. 백제는 온조가 세운 나라야. 고구려 주몽의 아들인 비류와 온조는 큰아들 유리에게 다음 왕이 될 수 있는 태자 자리를 빼앗긴 뒤, 무리를 이끌고 남쪽으로 내려왔

한강 유역의 삼국 시대 유적들

진흥왕 순수비
(신라)

아차산성 보루
(고구려)

풍납토성·몽촌토성
(백제)

충주 고구려비
(고구려)

단양 신라 적성비
(신라)

온달산성
(고구려)

경기도

충청도

강원도

한강, 한탄강, 임진강, 북한강, 소양강, 연북천, 내린천, 홍천강, 남한강, 섬강, 평창강, 동강, 주천강, 달천

강원도와 충청도에서 시작된 작은 강들이 모여 한강을 이룬다. 고구려·신라·백제는 저마다 한강 유역을 차지했을 때 경계를 표시하거나 군사 기지를 세웠다.

어. 북한산에 올라 지형을 살펴본 비류는 미추홀지금의 인천로 갔고, 온조는 한강 남쪽 땅으로 가서 '십제'라는 나라를 세웠지. 그리고 비류가 죽은 후 그의 백성들까지 모아 '백제'를 세웠어기원전 18년. 백제는 한강을 통해 강원도 내륙 지방에서 거둔 곡물이나 목재를 수도 하남 위례성풍납토성·몽촌토성으로 가져왔고, 서해안의 생선과 소금을 내륙 지방으로 운반했지.

백제 다음으로는 고구려가 한강을 차지했어. 고구려는 한반도 북쪽의 큰 나라였는데, 남쪽으로 세력을 넓혔지. 고구려는 한강을 이용해 무기와 갑옷 따위의 군수품을 남쪽으로 운반했고, 반대로 한강 주변의 풍부한 목재와 철, 쌀과 생선 등을 북쪽으로 실어갔어. 당시 고구려는 한강 지역을 본부로 해서, 소백산맥을 넘어 신라를 무찌른 뒤 삼국을 통일하려 했어. 하지만 고구려는 신라에게 한강을 빼앗기지. 이 과정에서 고구려의 장군 온달은 신라군과 싸우다 화살을 맞고 죽었어. 그래서 평강공주는 온달의 관을 부여잡고 울었다고 해. 이런 이야기가 전해 오는 온달산성도 신라와 소백산맥을 사이에 두고 마주한 전략적 요충지인 남한강 상류 지역충북 단양에 있어.

신라는 낙동강을 품은 경상도에

진흥왕 순수비

서 발전한 나라였어. 한강과 신라 사이에는 소백산맥이 가로막고 있어서 한강과는 인연이 별로 없는 나라였지. 하지만 신라가 당나라의 도움을 얻어 삼국을 통일하려면 한강이 절실히 필요했어. 북쪽의 육지 길은 고구려가 막고 있으니 한강을 통해 서해로 나가야만 당나라로 배를 띄울 수 있었으니 말이야. 신라는 한강을 차지하자마자 강을 따라 주요 지역에 군사기지를 만들고, 당나라에 사신을 보낼 때면 한강을 이용했지. 새로 차지한 한강의 물길을 통해 당나라와 외교 관계를 맺으면서 신라·당나라 연합군을 만들어 삼국을 통일할 계획을 세울 수 있었어. 신라가 삼국을 통일할 수 있었던 데는 여러 이유가 있었지만, 한강을 차지한 것이 무엇보다 중요한 이유였지.

4 고려가 영토를 지키는 방법

천 리에 걸쳐 성을 쌓은 까닭은?

천 리면 약 400킬로미터, 서울에서 부산까지 가는 거리야. 거의 1,000년 전인 고려 시대에 이 정도 길이의 성을 쌓았다면 믿을 수 있겠니? 고려의 천리장성은 그 위치를 보면 알겠지만 장성 북쪽에 사는 여진족과 거란족의 침략을 막기 위해 쌓았어. 거란이나 여진은 '오랑캐'라고 부르며 깔보던 상대였는데, 고려 초에 이르러 이들의 세력이 강해졌어. 특히 거란족은 요나라를 세워서 나중에 송나라를 멸망시키고 중국 대륙의 주인이 되지. 따라서 고려에게는 그들을 경계하고 막아낼 튼튼한 방어용 성벽이 필요했어.

고려는 918년 건국 때부터 거란의 침략을 자주 받았어. 그래서 수도 개경을 두르는 성을 쌓은 것부터 시작해서 북방 여기저기에 성벽을 쌓기 시작했지. 그러다가 1033년 덕종 2년부터 천리장성 공사를 본격적으로 시작해서 1044년 정종 10년에 완공했어. 천 리나 되는 성을 12년 만에 쌓았다고 하니까 믿어지지 않지. 사실 성벽의 모든 구간을 이때 다 쌓은 것은 아니야. 과거에 쌓은 성벽을 보완해 가며 연결했던 거야. 천리장성은 서쪽으로

천리장성을 사이에 둔 고려와 북방 세력들

는 압록강과 바다가 만나는 곳에서 시작해서 동쪽으로는 함경남도 동해안 영흥의 도련포까지 이어졌어. 장성의 높이는 지역에 따라 다른데 보통 4~7미터에 달했다고 해.

천리장성은 고려 초 북방 세력의 침입을 막아내는 방어선이면서 국경선 역할을 했어. 이로써 북쪽 국경이 안전해졌고, 고려가 발전할 수 있었지. 당시 고려인은 스스로 여진족이나 거란족에 비해 혈통과 문화가 우수하다고 믿었기 때문에 성벽을 쌓아서 그들과 섞이는 것을 막으려고 했어. 한편, 천리장성을 쌓고 나니까 거란족이 깜짝 놀라서 따지며 난리를 쳤어. 자기들이 한 짓은 잊어버리고 말이야. 고려는 거란족에게 너희를 공격하기 위한 것은 아니니까 너무 걱정하지 말라며 달랬다고 해.

북방은 왜 고려의 영토가 아니었을까?

고려는 옛 고구려를 계승한다는 다짐을 하며 탄생한 나라였지만, 새로 세워진 나라의 북쪽 경계는 천리장성보다 한참 남쪽인 대동강에도 미치지 못했어. 태조 왕건은 북쪽으로 압록강까지 영토를 넓혀야겠다고 마음먹었지. 그러나 대동강 북쪽으로는 여진족과 거란족이 살고 있었어. 천리장성을 완성하기까지 고려는 이들 북방 민족과 겨루면서 북쪽으로 영토를 조금씩 넓혀 나가야 했어.

고려 시대의 행정 구역에도 이런 사정이 담겨 있어. 다른 도는 일반 행정 구역인 데 반해 천리장성 주변만 군사 행정 구역이었지. 따라서 이 지역에는 군사 기지를 겸한 마을이 많았어. 이런 마을에는 훈련장과 무기·탄약을 보관하는 창고, 군인들의 숙소, 군인 가족의 집과 그들이 이용하는 상점이 있었지.

천리장성은 어떻게 쌓았을까?

고려의 성 쌓기 기술은 고구려에서 비롯되었어. 고구려 때 쌓은 성벽을 보면 가운데 돌 하나를 두고 여섯 개의 돌을 돌려가며 끼워 맞추는 방법 육합 쌓기을 이용했어. 이 돌들은 앞에서 보면 사각형이지만 뒷면은 쐐기 모양이야. 그래서 성벽 뒷면의 틈에 돌을 끼우고, 자갈이나 흙으로 빈틈을 채우면 나중에 정면의 돌이 몇 개 빠져도 성벽은 무너지지 않지.

천리장성은 과거에 쌓은 여러 성을 연결했기 때문에 여러 종류의 성이 섞여 있는데 주로 돌로 쌓은 성석성이 많고, 절벽이 있는 곳은 절벽 자체를 성으로 이용했어. 우리 땅에는 산이 많아서 천리장성에도 산성이 많아. 산성은 주로 들을 앞에 둔 높은 산지에 만들었는데, 적이 나타나면 산으로 급히 대피하기 위해서였어. 천리장성의 어떤 구간은 토성인데 흙

고구려 때 쌓은 오골성의 북쪽성벽

을 단단하게 다져서 쌓거나 성터의 경사진 땅을 깎아서 만들었지.

그럼 장성 건축에 쓰인 그 많은 돌은 어디서 구했을까? 성벽의 재료는 주변에 흔한 편마암이나 화강암 등이었어. 한반도의 편마암은 약 6억 년 이전에 생긴 암석으로 우리 땅의 40퍼센트를 차지해. 그리고 화강암은 2억 5,000만 년~6,500만 년 전인 중생대 때 지하에서 마그마가 굳어져 생긴 암석으로 우리 땅의 30퍼센트를 차지하지. 지리산처럼 흙으로 덮여 있는 산에는 편마암이 많고, 설악산처럼 큰 바위가 드러나 있는 곳에는 화강암이 많아.

성을 쌓는 과정을 떠올려 보면 이름 모를 석공이 정으로 무수히 쪼아서 돌을 다듬고, 수많은 인부가 무거운 돌을 날랐을 거야. 그러다 보면 많은 사람들이 돌에 깔리거나 치여서 죽고 다쳤지. 고려의 천리장성은 역사이기 이전에 누군가의 눈물이고 진땀이었던 거야.

5 몽골은 왜 강화도를 점령하지 못했을까?

몽골, 내륙 국가에서 세계 제국이 되다

몽골은 유라시아 대륙에서 중국의 북쪽, 러시아의 남쪽에 위치한 내륙 국가야. 내륙 국가는 사방이 육지로 되어 있어서 바다와 닿지 않는 나라를 말해. 몽골의 영토는 넓지만 그에 비해 인구는 약 300만 명으로 적지. 하지만 700년 전 몽골은 세계에서 가장 넓은 영토와 강력한 힘을 자랑하는 제국을 이루었어.

몽골의 기후는 1년에 강수량이 250~500밀리미터로 건조기후에 속해. 몽골의 기후가 건조한 이유는 태평양이나 인도양 같은 바다와 멀리 떨어져 있기 때문이야. 몽골은 영토의 많은 부분이 초원지대를 이루고 있어.

몽골인은 대부분 초원에서 낙타, 양, 말 등을 키우며 살았어. 농사를 짓기에는 건조하고 여름이 짧았지. 가축의 먹이가 되는 풀이 지역마다 자라는 시기가 정해져 있으니 때가 되면 집과 가축, 가재도구를 모두 챙겨서 이동했어. 이런 이유로 땅이 넓어도 그 안에 많은 인구가 살기는 어려웠지.

따라서 몽골이 주변 강대국을 정복해 제국이 된다는 것은 거의 불가능

해 보였어. 그런데 기적 같은 일이 일어났지. 테무친이란 영웅이 나타나 몽골의 여러 부족들을 통일해 힘을 키우더니 차츰 주변 국가들을 점령하기 시작했어. 테무친은 엄청난 속도로 제국을 건설했고, 칸몽골의 임금 또는 왕 중의 칸인 '칭기스 칸'으로 불렸어.

  몽골이 주변국들을 복속시키는 속도는 말이 달려가는 속도와 거의 비슷했다고 해. 몽골은 인구가 적어서 제국을 직접 운영하기에는 역부족이었어. 따라서 칭기스 칸은 항복하는 곳에서는 관용을 베풀어 행정이나 종교를 바꾸지 않아도 되도록 허락해 줬어. 하지만 항복한 후에 반란을 일으키거나 항복하지 않고 저항한다면 인간은 말할 것도 없고, 가축까지도 몰살시켜 버렸다고 해. 그러니 몽골 제국의 잔인함을 소문으로 들은 사람들은 싸우지도 않고 항복하는 경우가 많았지. 칭기스 칸은 자신들의 수가 적은 것을 공포라는 심리 전술로 극복했던 거야.

  칭기스 칸이 죽은 후에도 몽골 제국은 영토를 계속 확장했어. 그의 손자 때는 중국 대륙은 물론이고 유럽과 서남아시아까지 지배하는 큰 제국이 되었지. 이후 몽골 제국은 자신들의 식민지를 중국·러시아·페르시아·중앙아시아 네 개 지역으로 크게 나누어 칭기스 칸의 아들과 손자들이 통치했다고 해. 이렇게 해서 로마 제국보다도 더 넓은 영토를 가진, 인류 역사상 가장 큰 나라가 되었지.

세계 최강 몽골군이 무서워한 것은?

칭기스 칸의 몽골군은 활, 칼, 대포, 투석기 등 다양한 무기를 보유한 최정예 부대였어. 또 점령지의 무기를 활용하는 등 좋은 기술은 빨리 습득하는 영리한 부대였지. 하지만 몽골 제국 건설의 1등 공신은 말을 타고 바람처럼 달리며 쉼 없이 공격하는 기마병이었어. 몽골 병사들은 말을 타고 달리면서 사방 360도로 화살을 쏠 수 있는 대단한 전투 기술을 갖고 있었어. 몽골인은 어려서부터 말 위에서 놀고, 사냥도 하고, 축제도 했어. 마치 땅 위에서처럼 모든 행동을 말을 타고 할 수 있었어. 당시로서

는 바람처럼 빠른 말에서 칼과 활을 자유자재로 다루는 기술은 요즘의 대포나 미사일 같은 위력이 있었어. 몽골의 말은 유럽의 말보다 속도나 힘에서 뒤졌지만 끈기가 있어서 먼 거리를 오래 달릴 수 있었어. 그리고 말의 마릿수가 충분해서 보통 병사마다 3~5마리씩 가지고 있었다고 해. 몽골은 식민지 지배에도 말을 이용했어. 칸이 명령을 하면 약 30킬로미터마다 설치한 역을 이용해서 말을 탄 전령들이 계주를 하듯이 달렸어. 그래서 몽골에서 출발한 전령이 1주일에서 10일이면 유럽까지 갈 수 있었어. 지금이야 앉아서 전화 한 번이면 되지만 700년 전에 1주일 만에 유럽까지 소식을 전할 수 있다는 것은 교통 혁명이자 통신 혁명이었지.

하지만 세계 최강 몽골군에게도 약점은 있었어. 바로 물이었지. 초원의 지배자 사자도 물을 싫어하듯 바다가 없는 내륙 초원에 살던 몽골군은 큰 강과 바다를 두려워했어. 몽골인은 물을 귀하게 여기면서도 두려워했던 거야. 13세기 초 칭기스 칸이 몽골을 통일한 뒤 만든 법을 보면 재미있는 내용이 있어. "물에 오줌을 싸면 사형에 처한다. 물에 손을 담그는 것은 안 되고, 물은 반드시 그릇으로 떠야 한다." 초원에서 귀한 물을 신성시하고, 소중히 여겨서 생겨난 법일 거야. 그래서일까. 몽골군은 '비바람 속의 전투'를 두려워했대. 『고려사』에는 이를 증명하는 기록이 있어. 1254년에 차라대몽골 장수가 충주산성을 공격할 때 갑자기 비바람이 거세게 불었고, 성안의 고려군이 공격하자 몽골군이 도망갔대. 또 1256년에도 몽골군이 충주성을 점령하자 성안 사람들이 월악산으로 도망갔는데 그때 갑자기 구름과 안개가 덮이면서 비바람과 천둥, 번개가 치자 몽골군은 신이 고려를 돕는다며 더 이상 공격하지 못하고 물러났다고 해.

왜 강화도로 도읍을 옮겼을까?

당시 고려는 왕은 있지만 허수아비이고 무인군인들이 실질적인 권력을 쥐고 있는 나라였어. 그중에서도 최우 장군이 최고 권력자였는데 몽골에 항복하지 않고 강화도로 수도를 옮겨서 계속 버티기로 했어. 물론, 이에 반대하는 사람도 있었지만 최우는 강행했어. 당시는 여름 장마철이라 비가 많이 내렸고 이동이 어려웠는데도 천도수도를 옮기는 것를 강행한 거야. 당시 수도 개경에는 10만 가구가 살았다고 하니까, 한 가구당 5명만 잡아도 50만 명 정도가 갑자기 이주 명령을 받은 거지.

오늘날 강화도는 인천광역시에 속해 있는 섬이야. 경기도 김포에서 좁은 바다를 건너면 우리나라에서 네 번째로 큰 섬, 강화도가 있지. 가장 큰 섬은 제주도이고 그다음으로는 거제도, 진도가 큰 섬이야. 강화도는 수도 개경과 가깝고, 한강·임진강·예성강 등 세금을 나르는 물길이 만나는 곳이야. 그래서 본토에 있는 백성들은 몽골군에게 철저하게 짓밟힐지라도 강화도에서는 세금을 거두며 부족함 없이 수도를 유지할 수 있었어. 또 강화도는 농사를 지을 수 있는 넓은 들이 있었어. 하지만 나중에는 인구가 늘고 농토를 넓혀야 했기 때문에 바다에 제방을 쌓고, 육지로 바꾸는 간척 사업을 했지. 이것이 한반도 최초의 간척 사업이야. 지금은 우리나라 전체 갯벌의 50퍼센트가 간척되어 육지가 된 터라 간척이란 것이 흔한 일이 되었지만 고려 시대에 국가적 차원에서 이루어진

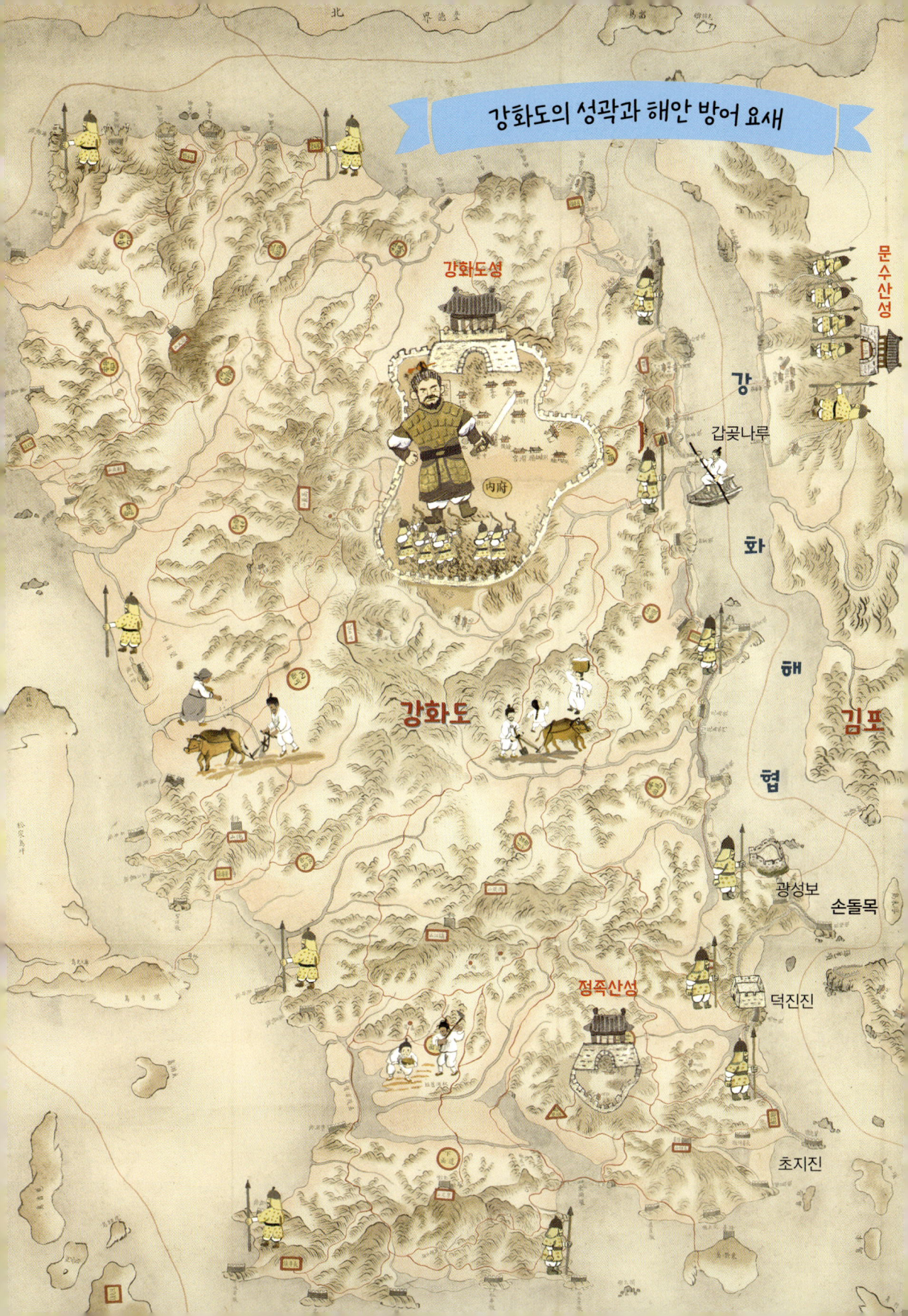

간척 사업은 그야말로 하늘과 땅이 바뀌는 것과 같은 큰일이었어. 간척 사업 이외에도 고려는 강화도 곳곳에 저수지를 많이 만들어서 농사지을 물을 확보했어. 지금도 강화도에 가면 그때 만들어 놓은 저수지가 여러 곳에 남아 있지.

강화 해협은 어떤 곳일까?

몽골이 강화도를 점령하지 못한 가장 큰 이유는 강화 해협의 거친 물살과 넓은 갯벌 같은 자연 조건 때문이었어. 고려의 군대가 아무리 철통 같은 수비를 했다고 해도 몽골군의 공격력은 이를 능가했으니까. 이런 이유로 어떤 학자는 몽골이 강화도를 점령하지 못한 것이 아니라 안 한 것이라고 말하기도 해. 하지만 누구라도 강화 해협을 경험해 본다면 몽골군이 강화도를 점령하고 싶어도 못했을 거라고 생각하게 될 거야.

강화 해협은 김포와 강화도 사이에 있는 좁고 긴 바다야. 육지 사이의 좁은 바다를 '해협'이라고 하는데, 강화 해협은 폭이 좁은 곳은 200~300미터이고 넓은 곳도 1,000미터에 불과해. 게다가 강화도 앞바다는 밀물과 썰물의 차이가 무려 8미터가 넘는 곳이야. 따라서 밀물과 썰물이 교차하면서 물살이 빨라지는데 밀물 때는 시속 15킬로미터나 되지. 이런 바다에서는 수영한다고 까불면 큰일 나. 강화 해협에서도 가장 물살이 험한 곳이 '손돌목'이야. 이곳에는 슬픈 전설이 있지. 강화도로 천도할 때 고려 왕 고종이 탄 배를 손돌이라는 사람이 저어 갔어. 그런데 왕이 가만히 보니까 손돌이 물살이 세고 위험한 곳으로 가는 거야. 왕이 "제대로 된 물길로 가라."고 했지. 하지만 손돌은 물살이 센 곳으로만 갔어. 피난 길에 초조해진 임금은 손돌이 자기를 해치려고 일부러 그러는 줄 알았어. 그래서 호위무사에게 "저자를 죽여라!"하고 명령했지. 손돌은 칼에 맞기 전, 바가지 한 개를 임금에게 내밀며 "바가지를 물에 띄워 떠내려 가는 데로 배를 저어 가시라."고 했대. 손돌이 정말 착하지. 죽으면서도 임금의 안전을 걱정했으니까 말이야. 손돌 말대로 바가지가 떠가는 데로 배를 저어 가서 왕은 무사히 바다를 건널 수 있었어. 왕은 뒤늦게 후회하고 손돌의 사당을 지어 혼을 위로했다고 해.

　강화 해협은 거친 물살에 더해 넓은 갯벌로 둘러싸인 곳이었어. 설사 몽골군이 바다를 건넜다고 해도 질퍽질퍽한 갯벌에서는 몽골말도 꼼짝할 수 없었을 거야. 특히, 강화 갯벌은 진흙으로 된 갯벌이어서 한 번 빠지면 빠져나오기가 쉽지 않지. 또 강화 해협에는 겨울에 임진강·한강에서 커다란 얼음 덩어리유빙가 떠내려 와. 지금도 겨울이면 유빙 때문에 뱃길이 끊어지고는 해.

　결국 몽골군에게 강화도는 마지막까지 피하고 싶은 전쟁터였어. 그 덕분에 내륙이 몽골의 말발굽에 초토화되는 동안에도 고려 조정은 끝까지 항복하지 않고 버틸 수 있었단다.

6 계절풍과 해류를 타고 온 왜구

왜구는 어떤 사람들이었을까?

왜구는 일본에 살면서 때때로 우리 땅을 침략했던 도적떼를 말하지. 그 무렵 왜구는 일본 해안가나 대마도에 살던 가난한 사람들이었대. 그런데 좀 이상해. 왜구의 규모를 보면 그냥 단순한 좀도둑이 아니었어. 그들은 배를 이용해 무리를 지어 다녔는데 적게는 2~3척, 많게는 50척에서 200척, 500척까지 거느릴 때도 있었어.

왜구들이 우리 땅을 침략한 것은 아주 오래전부터야. 신라 시대에도 왜구가 해안으로 들어와서 노략질을 했으니까. 그런데 바늘 도둑이 소도둑 된다고 왜구들의 숫자가 고려 말에 이르자 감당할 수 없을 정도로 많아졌어. 고려 말에는 오랜 몽골의 지배로 나라 안 사정도 엉망이고, 또 고려 군대가 허약했으니 왜구들이 도적질하기에 좋은 기회였지.

왜구들이 주로 노린 것은 곡물이었어. 특히 세금으로 걷은 곡물을 운반하는 배조운선나 모아둔 창고조창를 털었어. 당시 고려의 조운선은 주로 남해안과 서해안의 물길을 따라 갔는데, 왜구들이 그 길목을 막고 있으니 세금을 걷기가 어려워졌어. 세금이 걷히지 않으니 곧 나라가 휘청거

렸고. 당시 기록을 보면 많은 사람들이 왜구 때문에 고려가 망할지도 모른다고 걱정할 정도였어.

당시 왜구들은 바닷가 마을을 주로 노렸는데, 전라도·충청도·경상도 지역의 피해가 컸어. 하지만 나중에는 내륙까지 밀고 들어왔고, 심지어 서해안을 따라 올라와서는 강화도와 수도 개경까지 위협하기에 이르렀지. 왜구가 얼마나 난리를 쳤는지 바닷가에 민가가 드물었고 농토가 황폐해져서 바닷가의 땅 수천 리가 갈대밭으로 뒤덮였다고 해.

왜구들의 이동 방법은?

왜구들이 이렇게 해안과 내륙을 마음대로 휘젓고 다닐 수 있었던 비결은 무엇일까? 섬나라 출신인 왜구들의 배와 항해술이 뛰어났을까? 그런 것도 이유가 되겠지. 하지만 가장 중요한 이유는 왜구들이 한반도 주변의 해류와 계절풍, 그리고 서해안의 조수간만의 차이를 잘 이용했기 때문이야.

우리 땅은 위도상으로 적도와 극의 중간쯤에 있고, 3면이 바다라서 해류의 영향을 크게 받아. 우리나라의 해류를 보면 북쪽에서는 차가운 한류가 내려오고, 남쪽에서는 따뜻한 난류가 올라와서 서해와 동해로 갈라져 흐르지. 우리 역사에서 왜구들이 자주 나타났던 시기를 보면 주로 매년 4월~6월이야. 이 무렵에 우리 땅 남쪽 태평양에서 강한 난류성 해류인 쿠로시오 해류가 올라오거든.

왜구들은 주로 이 난류를 이용해 배를 띄웠어. 서해로 올라오는 해류

해류의 방향과 왜구들의 침략

고려

서해

왜구들의 이동 방향

동해

진포 대첩 (최무선)

홍산 대첩 (최영)
홍산
진포

황산 대첩 (이성계)
진주

남해

해류의 흐름

대마도

일본

를 타고 전라도, 충청도, 강화도까지 왔던 거야. 한편 왜구들은 부산, 울산 등 동해안으로도 많이 갔는데, 그때는 대마도를 지나 동해로 가는 해류를 타고 갔어.

한편, 우리 해안에 도착한 왜구들이 내륙 깊숙한 곳까지 들어올 때는 조류를 이용했어. 밀물 때는 바닷물이 강물을 밀어올려서 강이 거꾸로 흐르게 되지. 밀물 때를 맞춰 배를 띄우면 강 하류를 통과해 중류까지도 거슬러 올라갈 수 있었어.

왜구들은 바람도 잘 이용했어. 여름이 되면 남쪽에서 바람이 불어 올라오는데, 그 바람을 타면 우리나라로 쉽게 올 수 있었어. 그 바람을 계절풍이라고 해. 계절풍은 여름과 겨울에 방향이 바뀌는 바람을 말해.

왜구 격퇴를 위한 노력

고려에서는 왜구의 근거지인 대마도를 정벌하고 일본에 사신을 보내 왜구를 단속해 달라고 요구했어. 또 왜구 가운데 우리 땅에 와서 살고 싶은 자들이 있다면 이민도 허락해 주었어. 하지만 그 어느 것도 효과가 없었지.

왜구들은 여름 밤 모기처럼 잡아도 잡아도 끝이 없었어. 고려가 망한 이후에도 왜구들은 끈질기게 침략해 왔으니까. 그래서 조선을 세운 태조 이성계와 그의 아들 태종(이방원)도 왜구들이라면 치를 떨었지. 조선의 3대 읍성으로 불리는 서산의 해미읍성이나 고창의 고창읍성, 순천의 낙안읍성은 모두 내륙으로 침입해 들어오는 왜구들을 막기 위해 만든 방어용

고창읍성

시설이었어. 이성계가 조선을 건국한 후 나라가 안정적으로 운영되기 시작한 후에야 왜구들의 침략이 잦아들었지.

7 조선 제일의 명당은 어디일까?

한양은 원래 어떤 도시였을까?

조선 시대 한양은 지금의 서울보다는 좁은 곳이었어. 지금의 서울은 산업화를 거치며 인구가 크게 늘어났고, 이에 따라 도시의 구역이 한강 남쪽 땅까지 확대된 것이지. 본래 '한양'은 북한산의 남쪽이자 한강의 북쪽 땅을 가리키는 지명이었어.

한양은 고대부터 한반도에서 매우 중요한 도시 중 하나였어. 한반도의 중앙에 위치하는 데다 한강을 끼고 있는 큰 도시이니 두말할 나위가 없었지. 신라 진흥왕이 북한산 지역을 점령하고, 그곳에 '진흥왕 순수비'를 세웠어. 신라는 그때 삼국 통일의 기반을 닦았지. 고려 시대에도 개경개성에서 한양으로 수도를 옮기려고 한 적이 있어. 조선을 건국한 태조 이성계 역시 한양의 중요성을 잘 알고 있었지. 이성계는 장군 출신이고, 한강을 차지한 나라가 그 시대를 지배했다는 사실을 누구보다도 잘 알고 있었으니까.

개경을 떠나고 싶어한 이성계

1392년 조선이 세워질 당시 수도는 개경이었어. 개경은 고려의 오래된 수도였지. 그런데 이성계는 나라를 세우자마자 수도를 옮겨야겠다고 생각했어. 왜 그랬을까? 이유는 여러 가지인데 우선 개경은 이성계에게 반감을 품은 옛 귀족들이 많이 사는 곳이었어. 그리고 나라를 건국하는 과정에서 너무 많은 사람들이 죽었기 때문에 개경의 민심이 좋지 않았어. 이게 무슨 말이냐고?

그 무렵 고려는 망해 가는 나라였어. 몽골과의 긴 전쟁을 겪으면서 나라가 엉망이 되었는데도 관리들은 서로 제 이익을 다투고, 부정을 저지르기 일쑤였어. 고려를 개혁하자는 사람들 중에서 이성계와 정도전은 고려를 버리고 아예 새로운 나라를 만들자고 했어. 한편 정몽주와 이색은 왕을 거역하는 배신이라며 반대했어. 정도전이 정몽주에게 새로운 나라를 세우자고 설득하자 정몽주는 고려를 이어 가자고 맞섰지. 이 둘은 나이는 달라도 서로 존경하는 친구였는데, 원하는 세상을 만드는 방법이 너무 달랐어.

고려의 개혁을 함께 꿈꾸던 사람들은 원수지간이 되었고, 권력을 쥔 이성계 세력은 정몽주를 포함해서 새 나라 건설에 반대하는 사람들을 죽이거나 귀양을 보냈지. 이런 과정을 본 개경 주민들 중에는 이성계 세력을 욕하는 이가 많았어. 그래서 이성계는 개경을 빨리 떠나고 싶었던 거야.

이성계가 개경을 떠나고 싶었던 이유는 또 있어. 당시 고려에는 개경이 곧 망할 땅이라는 소문이 돌았어. 이런 상황에서 풍수의 대가인 도선 대사가 남긴 유언이 유행했어. "한양 땅은 언젠가는 새 나라의 수도가 될 만한 곳이다. 그리고 새 나라의 임금은 이李씨가 될 것이다." 기록에 의하면 고려 말에 관리들이 북한산 아래에 자두나무를 심었다가 자라서 무성해지면 바로 베어버리고는 했대. 이李씨 성의 한자가 자두나무를 뜻하거든. 그러니 이성계는 한양으로 수도를 옮겨 자신이 배신자가 아니라 오래전부터 정해진 새 나라의 임금임을 말하고 싶었을 거야.

새 수도는 왜 한양이었을까?

한양은 지리적으로 한반도의 중심에 있어. 지도로 보면 동쪽에 있는 철원이 한가운데로 보이지만 한반도에서 동쪽은 태백산맥이 지나고, 평야는 대부분 서쪽에 있어. 그래서 예부터 많은 인구가 서쪽의 평야 지대에 살았어. 그렇기 때문에 한양을 국토의 진정한 중심이라고 하는 거야. 만약 수도가 백두산 가까이 있거나 남쪽 끝 바닷가에 있다고 생각해 봐. 교통이 불편했던 그 시대에 수도와 멀리 떨어진 지역을 통치하기란 정말

어려웠을 거야. 그런데 한양은 국토의 허리 부분에 자리잡고 있으니 왕의 명령을 전국 방방곡곡에 빠르게 전달하기에 적합했지. 게다가 중국과도 육로와 뱃길로 통하니 문물을 교류하고 사신을 보내기에도 유리했어.

한양은 농사지을 땅이 풍족했어. 또한 도시를 가로질러 청계천이 흐르고, 주변에는 한강이 감돌아 흐르니 농사에 필요한 물도 충분했지. 그래서 한양에 많은 인구가 모여 살 수 있었고, 나중에 인구가 늘어도 도시가 도성 밖으로 확장될 수 있었어.

한양은 방어에도 유리한 곳이었어. 사방으로 북악산, 인왕산, 남산이 둘러싸고 있어서 산을 타고 성을 쌓으면 자연스럽게 방어막을 형성할 수 있었어. 또 강폭이 900~1,200미터에 이르는 한강은 그 자체가 적에게는 쉽게 넘지 못할 천연 방어선이었지. 지금이야 비행기가 공중에서 폭격을 하는 세상이지만 당시에는 군사들이 걷거나 말을 타고 이동했기 때문에 자연 지형을 이용한 방어 조건이 아주 중요했어.

이외에도 한강은 상류로 올라가면 강원도와 충청도까지 들어가고, 하류로 내려가면 서해의 바닷길로 이어져 있어서 지방에서 걷은 세금을 수도로 가져오기 좋았어. 이 점은 이성계가 한양으로 수도를 정하게 된 결정적인 이유였어. 당시 개경으로 들어오는 예성강이 물길 역할을 제대로 못했다고 해. 강바닥에 모래나 자갈이 많이 쌓여서 배가 잘 다니지 못할 정도로 강이 얕아졌거든. 그래서 배가 언제나 드나들 수 있을 정도로 수심이 깊은 한강의 물길이 필요했던 거야. 또 한강에서 갈라져 나온 작은 물줄기들은 실핏줄처럼 경기도, 강원도, 충청도 곳곳으로 연결되어 지방과 수도의 물자가 교류하는 통로 역할을 했지.

 이렇게 해서 1394년 10월, 이성계는 수도를 한양으로 옮겼어. 그때부터 지금까지 600년 동안 한양은 한반도의 정치적, 경제적 중심지 역할을 하고 있어.

팔도는 무엇을 경계로 나누어진 걸까?

우리나라를 이루는 여덟 개의 도

팔도강산, 팔도 김치, 팔도 아리랑……. 누구나 한 번쯤 들어 본 말이 팔도일 거야. 팔도는 말 그대로 여덟 개의 도를 말해. 경기도, 강원도, 충청도, 전라도, 경상도, 그리고 북한에 있는 황해도, 평안도, 함경도를 합쳐서 팔도라고 하지. 이들 가운데 경기도와 강원도는 남한과 북한에 걸쳐 있었어. 개성공단이라고 들어 봤니? 남한 기업이 북한 개성에 진출해 있는 곳인데, 휴전선 너머에 있지. 거긴 북한 땅이지만 원래는 경기도에 속했어. 금강산도 강원도에 속했고.

팔도의 이름은 어떻게 붙인 걸까?

팔도의 행정 구역을 처음 만든 때는 1413년 조선 태종 대였어. 그때 도의 이름은 각 지역에서 잘나가는 도시의 앞 글자를 따서 지었어. 예를 들어 강릉과 원주의 앞 글자를 따서 강원도라고 했지. 지금은 강원도 내륙에서 춘천이 큰 도시이지만 조선 시대에는 원주가 중심 도시였어. 바닷가에서는 예부터 강릉이 큰 고장이었고. 이런 식으로 경상도는 경주와 상주, 전라도는 전주와 나주, 충청도는 충주와 청주, 함경도는 함흥과 경성, 평안도는 평양과 안주, 황해도는 황주와 해주의 앞 글자를 따서 도의 이름을 만들었어. 그런데 이런 식으로 설명이 안 되는 도가 하나 있지? 바로 경기도야. 경기도는 두 도시의 앞 글자로 만든 지명이 아니야. 경기도에서 '경'은 서울을 말하는 거고, '기'는 터전을 말해. 그러니까 서울의 터전이 되는 도, 또는 서울을 둘러싸고 있는 지역이라는 말이야. 조선의 경기도는 대략 지금의 서울과 인천까지 아우르는 지역이었어.

산맥과 강을 경계로 나누어진 팔도

팔도의 행정 구역 지도를 보면 도의 경계선이 한반도를 가로, 세로로 나누고 있는 걸 알 수 있어. 자세히 보면 어떤 경계선은 비교적 단조로운데 비해 어떤 경계선은 구불구불하지. 이는 도의 경계가 산맥과 강 같은 자연 지형을 따라 지어졌기 때문이야. 북쪽의 함경도와 평안도 사이는 낭림산맥이 위아래로 가르고 있고, 충청도와 전라도는 금강을 경계로 나뉘어. 그리고 전라도와 경상도는 소백산맥이 가로막고 있지.

팔도의 경계를 나누는 데 지형이 중요한 역할을 했던 이유는 큰 강이나 높은 산은 과거의 교통수단으로는 쉽게 오갈 수 없는 자연 장애물이었기 때문이야. 그러다 보니 자연스럽게 지역과 지역을 가르는 경계가 되었지.

팔도의 다른 이름들

우리 땅을 구분할 때 팔도 외에 다른 말로 부르기도 해. 특히 남부 지방을 영남, 호남으로 구분해 부르고는 하지. 일기예보를 보면 "호남 지방에 많은 눈이 내렸습니다.", "영남 지방에는 가뭄으로 벼가 타들어 가고 있습니다."같이 전라도를 호남으로, 경상도를 영남으로 표현해. 강원도는 태백산맥을 경계로 동쪽은 영동, 서쪽은 영서로 나누어 부르고.

여기서 영남은 '영'고개의 남쪽이란 뜻이야. 소백산맥의 중요한 고개인 죽령과 조령의 남쪽 지역이라는 말이지. 호남은 '호'호수의 남쪽이란 뜻이고. 여기서 호수는 김제의 벽골제를 말해. 그래서 호남 지방은 벽골제의 아래쪽에 있는 전라도를 가리키는 말이 되는 거야. 관동강원도, 관서평안도, 관북함경도은 철령관 고개를 기준으로 방향에 따라 붙여진 이름이야.

우리나라 행정 구역의 구분선은 누가 하루아침에 그은 것이 아니야. 오랜 세월 자연이 나누어 놓은 경계에 적응해 살면서 이루어진 결과야. 지금은 교통이 발달해 쉽게 오갈 수 있는 행정 구역상의 구분일 뿐이지만 우리 조상들은 힘겹게 이 경계를 타고 넘으며 과거를 보러 가고, 장삿길을 나서고, 전쟁을 벌였단다.

9 장원 급제를 꿈꾸며 떠나는 과거 길

조선의 과거 시험

서양에 『로미오와 줄리엣』이 있다면 우리나라에는 『춘향전』이 있지. 전라도 남원 부사지금의 시장의 아들 이몽룡은 기생의 딸 춘향과 사랑을 하지. 하지만 이몽룡은 얼마 후 새 벼슬을 얻은 아버지를 따라서 한양으로 올라갔어. 그리고 새 남원 부사로 부임해 온 변학도가 춘향을 괴롭히지. 춘향은 변학도의 명을 거부하다가 죽을 고비를 맞았어. 모두가 춘향이 죽을까 봐 간을 졸이고 있는 찰나에 몽룡이 암행어사가 되어 짠 하고 나타났어. 몽룡이 과거 시험에 합격한 덕분이야. 과거 시험은 지금으로 치면 사법고시나 행정고시 같은 것인데, 보통은 3년마다 한 번 열렸어. 이렇게 3년에 딱 한 번 응시할 수 있는 과거 시험을 보기 위해 전국 팔도에서 1만 명 이상의 선비들이 한양으로 몰려왔어.

고려 때 시작된 과거 시험은 본래 공정하게 인재를 뽑는 데 그 목적이 있었어. 조선 전기만 해도 세종, 성종 대에 훌륭한 인재가 많이 등장했어. 그러나 조선 후기에 이르러서는 다른 사람이 대신 시험을 보거나 시험관에게 뇌물을 주는 부정행위가 일어날 정도로 시험 제도가 엉망이 되었어. 어떤 이는 조선이 망한 이유 중 하나가 과거 제도가 무너졌기 때문이라고 말하지.

그런데 시험이라는 것은 참 냉정해. 늘 합격하는 사람보다 떨어지는 사람이 많으니까. 합격자 33명을 제외한 나머지 선비들은 눈물을 머금고 왔던 길을 되돌아가야 했지. 과거에 낙방하고 되돌아가는 발길은 얼마나 무겁고 고단했을까?

조선 시대의 도로 사정은 어땠을까?

19세기 말, 러시아 사람 루벤초프가 우리 땅에 여행 왔다가 깜짝 놀랐다고 해. 도로라고 할 만한 것이 별로 보이지 않았으니까. 걸어가든 말을 타든 하루에 8킬로미터 이상을 이동하기가 어려웠대. 조선인은 주로 걸어 다녔고, 화물은 수레나 지게를 이용했어.

조선은 적극적으로 대규모 도로를 건설한 기록이 거의 없어. 지금으로서는 이해할 수 없을 정도로 도로 시설이 부족했던 이유는 무엇일까? 산이 많아서 큰 도로를 내기 어려웠을까? 바다와 강을 이용하면 그리 아쉬울 게 없었을까?

조선은 잦은 전쟁의 결과, 넓은 도로가 적에게 유리하다는 걸 경험했어. 특히, 임진왜란을 겪은 후에는 '도로 건설이 곧 나라를 망하게 하는 길'이라고 강하게 믿게 되었는데, 일반 백성뿐 아니라 양반이나 왕까지도 그렇게 생각했대. 하지만 한반도에 수만 년 동안 사람이 살았는데 어찌 길이 없었겠어?

우리나라는 고려 때부터 전국에 22개의 주요 도로를 두었어. 그리고 약 12킬로미터마다 역을 두었고, 역에는 먹고 잘 수 있는 시설이 있었어. 그래서 관리나 소식을 전하는 파발꾼들이 역에 묵으면서 수도와 지방을 오갈 수 있었어. 이런 시설들이 조선 후기에 주막이나 객주여관로 발전했지.

조선은 전국에서 한양으로 이어지는 대표적인 도로를 6대 도로라고 해서 가장 중요하게 여겼어. 이 길들은 일제 강점기에 이르러 일본인들이 새로 놓은 신작로나 철길을 따라 사람과 물자가 이동하면서 이용하는 사람이 줄어들었지.

가장 인기 있는 과거 길은?

조선 팔도에서 선비들이 과거 시험을 보러 한양으로 모여들었는데, 그중에서도 경상도에서 오는 영남 선비들이 많았지. 영남은 퇴계 이황, 남명 조식과 같은 대학자가 나온 곳이기도 해. 영남의 선비들은 주로 영남대로를 따라 한양에 왔어. 서울에서 부산까지 경부고속도로로 가면 428킬로미터인데, 조령을 넘는 영남대로 옛길은 길이가 380킬로미터밖에 되지 않아. 일제 강점기에 철길이 놓이기 전까지 경상도 사람들은 영남대로를 거쳐 한양으로 갔어.

영남대로는 크게 세 갈래 길이 있었어. 하나는 죽령을 넘어 가는 '15일 길'이고, 다른 하나는 추풍령을 넘어가는 '16일 길'이었어. 마지막은 조령을 넘어가는 길로 '14일 길'이었지. 14일 길은 과거 시험을 앞둔 선비들이 가장 많이 이용했어. 그 이유는 빨리 갈 수 있어서라기보다는 한 가지 믿음 때문이었어. 추풍령을 넘는 길은 평소에 이용하는 사람이 많았지만 과거 시험을 보러 가는 사람들은 그 길을 꺼렸어. 추풍령 이름에서 '추'는 가을이고, '풍'은 바람이야. 그러니 가을 바람에 떨어지는 낙엽이 떠올랐거든. 혹시 낙엽이 떨어지듯 시험에서 떨어질까 봐 아예 그 고개를 넘지 않으려 한 거지. 죽령으로 넘는 길 또한 피했는데, 그 고개를 넘어가면 과거 시험에서 '죽죽' 미끄러진다고 믿었기 때문이야.

그래서 영남 선비들은 조령문경새재을 이용했어. 조령은 충청북도 괴산과 경상북도 문경 사이에 솟은 조령산에 있는 고개야. 조령은 길이 험하고 맹수가 나타나는 위험한 고갯길이었어. 그래서 대낮에도 여러 명이 모여서 넘었고, 오후에는 하룻밤을 묵은 후 다음 날 낮에 넘었다고 해. 조령은 문경새재라고도 하는데, 문경새재의 새재는 '높아서 새도 쉬었다

문경새재 옛길 (문화재청)

가 넘어간다.', '새로 난 고개', '골짜기 새사이로 난 길', '억새가 많아서' 같은 여러 가지 유래가 있어. 문경聞慶은 '즐거운 소식을 듣는다.'라는 뜻이야. 곧바로 과거 합격 소식을 듣는 게 떠오르지. 그래서 선비들은 새재를 선호했대. 정말 이런다고 시험에 붙었을지는 모르지만 아무튼 그때 사람들은 그렇게 믿었어. 어때, 시험에 꼭 합격하고 싶은 선비들의 간절한 마음이 과거 길을 정하는 데도 느껴지지 않니?

조선 시대에는 어떻게 세금을 걷었을까?

옛날에 세금을 내는 방법

조선 시대에 백성이 내는 세금에는 전세, 공납, 부역 세 가지가 있었어. 전세는 토지를 경작하는 대가로 내는 세금으로 수확량의 약 10분의 1을 냈어. 공납은 왕실과 정부에 바치는 물품이었는데 주로 그 지역에서 나는 특산물이었어. 한지, 나전칠기, 광물, 수산물, 야채, 과일 같은 것이었지. 부역은 나라에서 큰 토목 공사를 할 때 불려가서 일을 하거나 군복무를 하는 것이었어. 이 중에서 백성들을 가장 괴롭혔던 것이 바로 공납이야. 공납은 자기 재산이나 소득에 비례하여 내는 것이 아니라 모두 똑같이 내야 했어. 낼 것이 없는 가난한 사람도 무조건 내야 했지. 호랑이 가죽이나 귤같이 귀한 것을 내라고 하면 백성들은 죽을 판이었어. 어떤 사람은 공납을 내지 않으려고 살던 곳을 버리고 도망치기까지 했으니까. 공물 자체도 귀했지만 지방에서 한양까지 운반하는 것도 보통 일이 아니었어. 그런 여건 속에서 여러 가지 비리가 생기고 자연히 백성들은 더 힘들어졌지.

강과 바다를 통해 거두어들인 세금

지금은 세금을 돈으로 내지만 옛날에는 한양까지, 세금 역할을 하는 쌀과 베를 직접 운반해야 했어. 각 지역에서 거둔 쌀이나 베를 큰 창고조창한 곳에 모았다가 배에 실어 강과 바다를 통해 운반했지. 이를 조운 제도라고 해. 고려 때부터 이어진 조운 제도를 조선 시대에도 그대로 이용했어. 특히 세종 때 왜구를 소탕한 후 바닷가가 안전해지자 본격적으로 바닷길을 이용할 수 있었어. 한양은 서해와 가깝고, 한강을 통해 내륙 깊숙한 곳까지 이어져 있어서 물길을 이용해 세금을 거두기 유리했어.

당시 세금이 한양으로 올라온 길을 보면 전라도·충청도·황해도는 바닷길로 왔어. 우리나라의 평야가 주로 서해안에 있기 때문에 서해 바닷길을 따라 올라오거나, 내려오면 편리했지. 경기도와 충청도의 세금은 한강을 따라 한양으로 왔고. 강원도는 한강을 통해 세금뿐 아니라 목재 같은 산림 자원도 운반했어. 하지만 경상도는 소백산맥이 가로막고 있어서 물길만으로는 어려웠지. 먼저 낙동강 물길을 이용해서 세금을 거둔 후, 육로를 통해서 소백산맥에 있는 고개를 넘었어. 그렇게 충청도 땅에 도착한 이후에는 다시 한강을 이용해 한양으로 이동했어.

한편, 조선 후기 들어 세금이 늘어나자 정부가 소유한 배만 가지고는 부족해서 상인들의 배도 이용했어. 그런데 일부 양심 없는 배 주인들이 곡물을 빼돌리고 빈 배는 일부러 침몰시키는 방법으로 세금을 도둑질하기도 했어. 그 피해는 고스란히 백성들에게 돌아가 추가로 세금을 내야 했지.

세금을 걷지 않는 곳도 있었다

북부 지방인 평안도·함경도는 세금을 한양으로 가져가지 않고, 그 지역에서 쓰도록 했어. 좋았겠다고? 아니야. 평안도와 함경도는 국경에 가깝고, 중국 사신의 왕래가 잦은 곳이어서 사신 접대와 군대 유지에 많은 비용이 들어갔어. 그래서 세금을 한양으로 가져오지 않고 거기서 바로 쓰게 한 거지.

제주도 역시 한양으로 세금을 운반해 가지 않았어. 군사 지역도 아니고 기후가 따뜻해서 농사 짓기에도 유리한 제주도에서 왜 세금을 거두지 않았을까? 제주도는 지리적으로 우리나라에서 가장 남쪽 바다에 위치하고 있어서 한양과 거리가 매우 멀지. 그리고 우리나라에서 태풍 피해가 가장 잦은 곳이야. 그러니 제주에서 한양으로 오는 바닷길은 당시 항해술로는 너무 멀고 위험해서 세금 거두는 길이 될 수 없었던 거야.

게다가 제주도에서는 쌀이 거의 생산되지 않았어. 제주도는 화산이 폭발하면서 흘러나온 용암이 굳어져서 만들어진 섬이야. 용암이 굳어서 된 현무암은 구멍이 숭숭 뚫려 있는 데다 굳어지는 과정에서 금이 많이 가서 틈이 벌어져 있어. 용암이 식으면서 안에 있던 수분이 빠져나가기 때문이야. 이런 다각형 기둥 모양의 금을 주상절리라고 하는데 제주도에 가면 쉽게 볼 수 있어. 한마디로 제주도 땅 밑은 금이 무수히 많이 가 있다는 말이야. 따라서 비가 오면 땅 밑으로 빗물이 금방 스며들지. 자연히 논에 물을 그득하게 가두어 두어야 하는 벼농사는 짓기가 어려웠어.

지금도 제주도는 농토 대부분이 밭이야. 밭조차도 자동 물뿌리개로 계속해서 물을 줘야 하지. 사실 제주도는 우리나라에서 가장 강수량이 풍부한 곳인데, 이런 지형적 특징 때문에 옛날부터 쌀이 많이 나지 않았어. 그렇다고 해서 제주도가 세금에서 완전히 자유로웠을까? 물론 아니야. 쌀 대신 제주도 특산물인 말, 말총말의 꼬리털이나 갈기, 귤 등을 공납으로 내느라 백성들의 허리가 휘기는 여느 지역 농민들과 다를 바 없었어.

명량 대첩 승리의 일등공신은 누구일까?

일본의 두 번째 침략

1592년에 일어난 임진왜란은 조선의 역사를 바꾼 대사건이었어. 전쟁이 미친 영향이 어찌나 컸던지 임진왜란을 기준으로 조선 전기와 후기로 나눌 정도이지.

전쟁이 일어난 지 6년째 되던 해에 조선과 일본이 휴전 협상을 시작했어. 하지만 협상이 결렬되자 1597년 8월에 일본은 다시 조선으로 쳐들어왔어.

이때 이순신은 선조 임금의 출전 명령을 어긴 죄로 백의종군에 처해 있었어. 임진왜란 동안 수많은 공을 세운 이순신이지만 왕이 현장 지휘관의 판단을 믿지 않은 탓에 어처구니없는 일이 벌어진 거야.

그러나 침략해 온 일본군을 막을 수 있는 사람은 이순신밖에 없었어. 선조는 다시 이순신을 수군 총사령관으로 임명했어. 그런데 그때 남아 있던 배가 고작 12척이었어. 나중에 백성들이 1척을 더 가져와서 13척이 되었지. 병사는 1,000여 명뿐이었고. 그에 비해 일본군은 3만 명이 넘는 병사와 300척 이상의 배를 가지고 있었어. 이들에게 맞서 싸운다는 것은 무리였어. 그러나 이순신 장군은 싸우기로 결정했어. 그리고 선조 임금에게 이렇게 글을 올렸어. "신에게는 아직 12척의 전함이 남아 있습니다. 죽을힘을 다하여 싸운다면 이길 수도 있습니다."

 이순신 장군은 전투를 위한 작전을 세웠어. 바다 싸움에서 중요한 것은 어디서 싸우느냐였어. 넓디넓은 바다라 해도 장소에 따라 조류의 흐름, 바람의 방향, 물의 깊이, 주변 지형이 다르기 때문에 우리 편에 가장 유리한 곳에서 싸움을 벌여야 했지. 이순신은 이번 전투 장소로 명량 해협을 선택했어. 명량 해협은 진도와 해남 사이의 좁은 바다인데, 남해안에서 서해안으로 들어가는 길목이거든. 그리고 조선 수군의 지휘소인 전라우수영이 있는 곳이기도 했어. 이순신은 일본군이 한양으로 가기 위해서는 명량 해협을 꼭 지나갈 수밖에 없을 것이라 예상했고, 이곳 바다의 지리를 전투에 최대한 이용하기로 했어.

명량 해협은 어떤 곳일까?

명량 해협은 길이는 약 1.5킬로미터에, 폭은 가장 좁은 곳이 약 300미터밖에 되지 않아. 명량 해협을 '울돌목'이라고도 부르는데, 지명의 '목'은 병목처럼 넓었다가 갑자기 좁아지는 장소를 뜻해.

 여기서는 하루에 두 번씩 밀물과 썰물 때 바닷물이 좁은 통로를 지나기 때문에 물살이 엄청 세져. 이때 울돌목의 물살은 시속 20킬로미터 정도에 이른다고 해. 울돌목 옆에 서 보면 '휭휭' 하면서 물 흐르는 소리가 들려. 그 소리는 빠른 물살이 물속에 솟아 있는 10여 개의 암초에 부딪히

지형과 조류를 이용한 명량 대첩

피난선
피난선 100여 척을 배치하여 멀리서 보았을 때 조선 수군이 많아 보이도록 했다.

전라우수영
진도 앞바다는 남해안에서 서해안으로 통과하는 중요한 길목이므로 전라우수영을 설치하여 방비했다.

조선 함대 12척

이순신 대장선

해남

전투가 시작되자 일본 함선들이 빠른 속도로 대장선을 포위했으나 조선 수군의 화살과 화포 공격을 당해내지 못했다.

이윽고 조류의 방향이 바뀌었다. 일본 함대는 조선 수군의 방어선을 뚫지 못하고 좁은 해협에 갇혔다.

명량 앞 바다

진도

조류의 방향

일본 함대

고, 또 물살끼리 부딪히며 나는 소리인데 바다가 요란한 울음소리를 낸다고 해서 울돌목이라고 하지. 그것을 한자로 바꾼 이름이 '명량'이야. 일본도 명량 해협이 얼마나 험한 곳인지 잘 알았어. 그러나 조선의 작은 함대가 300여 척의 대규모 함대를 감히 막지는 못할 거라고 자신했던 거야.

조류가 바뀌면서 전세가 뒤집어지다

이순신 장군은 적이 밀물을 타고 들어올 것을 예상하고 기다렸어. 일본 함대는 기세 좋게 명량 해협을 통과해 이순신 함대와 마주했어. 처음에는 이순신 장군이 탄 대장선 한 척이 홀로 맞서야 했어. 다른 배들이 겁을 먹고 뒤로 물러나 꼼짝하지 않았기 때문이야. 일본 군선들이 대장선을 겹겹이 포위하기 시작하자 이순신 장군은 "적선이 아무리 많아도 우리 배를 침범하지 못할 것이니, 최선을 다해 적을 쏘라."고 명령하며 버티었어.

그러다 조수의 흐름이 반대로 바뀌었어. 밀물을 타고 들어오던 일본 배들이 갑자기 썰물을 만나니 전진하기가 어려웠고, 또 이곳의 물살이 불규칙하게 감아 돌기까지 하니까 어찌할 바를 몰랐지. 더욱이 일본군의 배는 밑이 뾰족한 첨저선이어서 방향을 바꾸려면 크게 돌아야 했기 때문에 넓은 공간이 필요했어. 그러나 해협은 좁은 곳이잖아. 바다를 가득 메운 배들이 이리저리 돌며 전열을 정비하려다 오히려 자기 배끼리 부딪히고 난리법석이었어. 우리 수군은 이때를 놓치지 않고 일자형으로 배를 나란히 배치해서 총통과 화살을 쏘며 집중 공격을 퍼부었어. 마침내 일본 함대의 배 31척이 침몰하자 일본군이 물러갔어.

명량 대첩은 세계 해전사에 빛나는 승리로 남았어. 그날 전투에서 이긴 후 이순신은 "명량 대첩은 하늘이 도운 싸움이었다."고 했어. 그 하늘은 바로 명량 해협이었어.

명량 대첩비

왜 곡창 지대에서 농민 봉기가 일어났을까?

농민들의 힘든 삶

농민 봉기는 말 그대로 농민들이 참다 못해서 정부를 상대로 들고 일어나는 사건이야. 조선 시대에 농민들이 봉기하기 시작한 때는 조선의 개혁을 이끌던 정조 임금이 갑자기 세상을 떠난 뒤부터였어. 정조에 이어서 11살밖에 안 된 어린 순조가 왕이 되자 순조의 장인 김조순이 권력을 잡았지. 그리고 김조순의 집안인 안동 김씨가 나랏일을 좌지우지했어.

안동 김씨들은 높은 벼슬부터 낮은 벼슬까지 돈을 받고 팔았어. 또 자기들한테 충성하는 사람들에게만 벼슬을 주었어. 능력? 그런 거는 중요하지 않았어. 당시 벼슬 값을 보면 과거 시험에서 대과 합격은 10만 냥, 소과 합격은 3만 냥을 내야 했다고 해. 지금으로 따지면 사법고시나 행정고시 같은 시험에서 돈을 받고 합격시켰다는 거지. 그리고 관찰사도지사, 유수군수 같은 높은 벼슬자리는 그 값이 무려 100만 냥에 이르렀어. 이렇게 돈으로 벼슬을 산 사람들이 지방관에 앉아 있으니 나라 꼴이 어땠겠어. 그들은 자기가 바쳤던 뇌물의 몇 배를 다시 백성들로부터 긁어모았어.

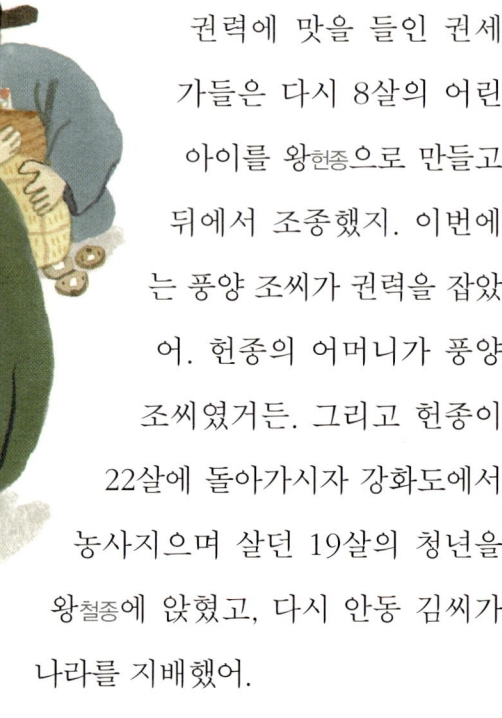

권력에 맛을 들인 권세가들은 다시 8살의 어린 아이를 왕(헌종)으로 만들고 뒤에서 조종했지. 이번에는 풍양 조씨가 권력을 잡았어. 헌종의 어머니가 풍양 조씨였거든. 그리고 헌종이 22살에 돌아가시자 강화도에서 농사지으며 살던 19살의 청년을 왕(철종)에 앉혔고, 다시 안동 김씨가 나라를 지배했어.

1860년까지 어느 특정한 가문이 권력을 잡고 나라를 쥐어흔드는 세도정치가 이어졌고, 그 혼란을 틈타 지역마다 부패 관리들이 판을 쳤어. 당시에 백성들을 가장 힘들게 한 건 무거운 세금이었어. 토지가 없는 농민에게도 억지로 세금을 물리고, 갓난아이에게도 군역을 지웠어. 이미 죽은 사람, 도망간 친척과 이웃의 세금까지 대신 내게 하는 경우도 있었지. 하지만 백성들을 가장 못살게 군 것은 환곡이었어. 환곡은 원래 세금이 아니라, 봄에 먹을 것이 없는 사람에게 곡식을 빌려 주었다가 가을에 되받는 좋은 제도였어. 그런데 관리들이 원하지도 않는 사람에게 강제로 곡식을 빌려 주거나, 가을이면 봄에 빌려 준 것에 지나치게 많은 이자를 붙여서 되받아 갔으니 백성들은 살기가 얼마나 힘들었겠어.

농민 봉기의 무대가 된 삼남 지방

조선 후기, 농민 봉기가 일어난 곳을 보면 대부분 삼남 지방 즉, 전라도와 충청도, 경상도였어. 이곳은 벼농사가 발달한 지역이었지. 대규모 농민 봉기인 임술 농민 봉기1862년는 경상도 진주에서 일어났고, 동학 농민 운동1894년은 전라도 고부지금의 정읍에서 시작되었어. 특히, 동학 농민 운동이 번져 나간 정읍, 김제, 부안은 조선 최대의 평야 지역이자 쌀 생산지였어. 이외에도 삼남 지방에는 예당 평야, 나주 평야, 김해 평야 등 한반도의 비옥하고 넓은 평야들이 있어.

우리 땅의 평야는 높은 곳이 깎여서 평평해진 평야와 홍수로 하천의 모래와 흙이 넘쳐서 만들어진 평야가 대부분이야. 그중에서 강을 끼고 있는 평야들은 물이 충분해서 농사에 더욱 유리했어. 삼남 지방은 조선의 식량 창고이자 전체 세금의 87퍼센트가 걷히는 곳이었지. 혹시라도 한강의 뱃길이 막혀서 삼남 지방의 쌀이 한양으로 오지 못하기라도 하면, 곧바로 한양에서 쌀 폭동이 일어날 정도였으니까.

한편, 조선 후기에는 농업 기술이 발달하면서 생산량이 크게 늘어났기 때문에 삼남 지방은 더욱 풍요로운 땅이 되었어. 대표적으로 조선 후기에 널리 이용된 이앙법은 모판에다 새끼 벼를 키워서 늦봄에 논에 옮겨 심는 농사법이었어. 우리나라의 봄은 건조해서 5, 6월에 비가 오지 않으

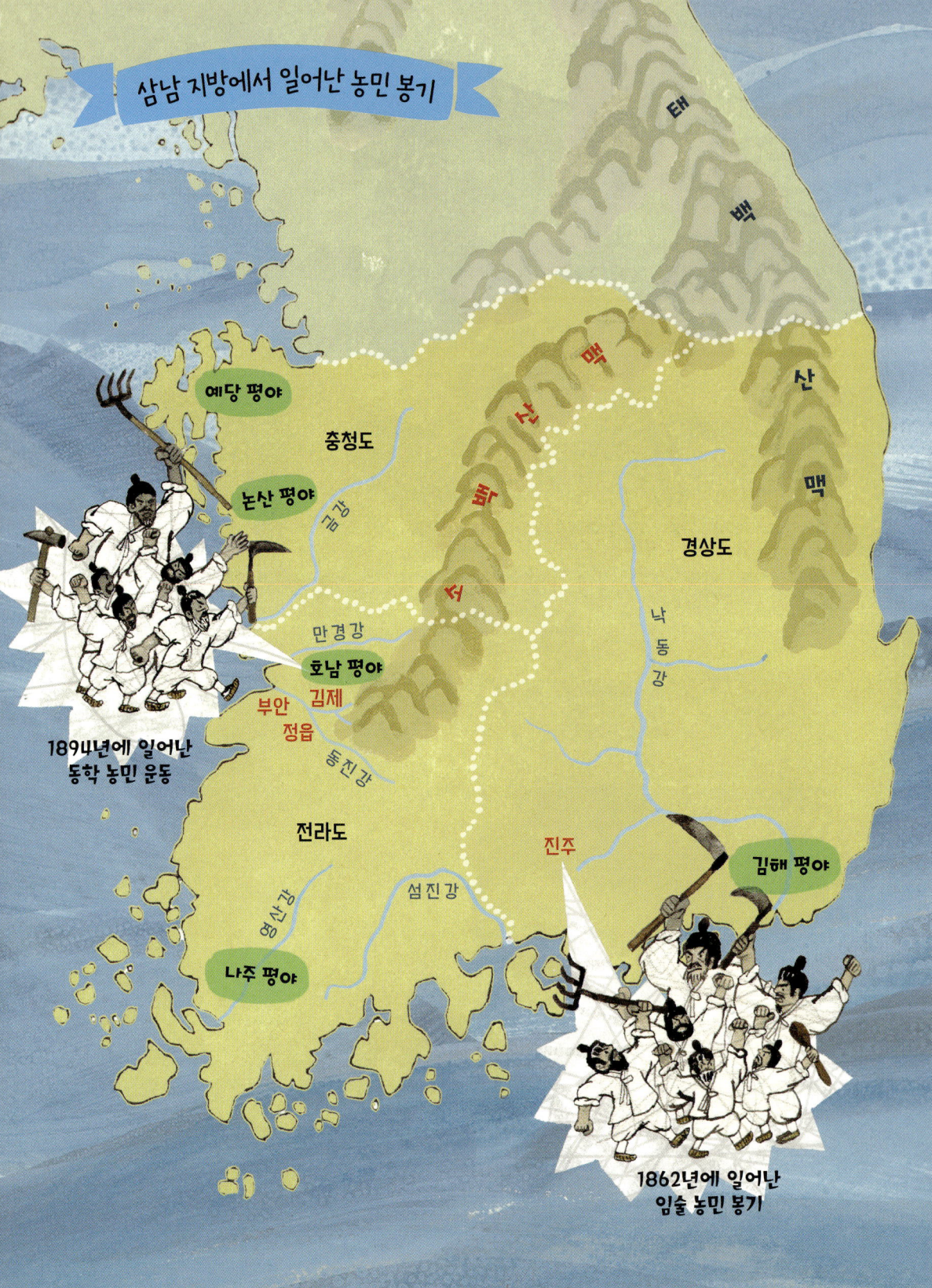

면 그해 농사를 망칠 위험이 있었어. 저수지나 보 같은 수리 시설을 설치해 물을 확보할 수 있게 되면서 이앙법이 널리 이용되기 시작했어. 이앙법을 쓰면서 봄에 모내기 하기 전까지 비어 있는 논에 보리를 심을 수 있었지. 같은 땅에서 한 해 동안에 보리와 쌀을 함께 수확할 수 있게 된 거야.

밭농사 기술도 발전했어. 과거에는 주로 볼록 올라온 이랑에 작물을 심었는데, 이랑과 이랑 사이 움푹 들어간 고랑에 심는 방법으로 농사법을 바꿨어. 특히, 보리·밀·호밀·귀리 따위 겨울을 나는 작물은 고랑에 심으면 이랑이 찬 바람을 막아줘서 더 잘 자랄 수 있었어. 우리나라는 겨울에 북쪽 시베리아에서 찬 계절풍이 불어와 심술을 부리거든.

자, 그렇다면 이렇게 농사가 잘되는 풍요로운 땅에서 왜 농민 봉기가 많이 일어났을까?

농업 기술이 발달하면서 삼남 지방이 더욱 풍요로워지는 한편으로, 부패 관리들은 더욱 더 혹독하게 농민들을 쥐어짰어. 수확량이 많은 만큼 더 무겁게 세금을 매겼던 거야. 그러니 삼남 지방 농민은 도저히 생활을 이어나갈 수 없는 지경에 이르렀지. 결국 농민들은 목숨을 걸고 봉기를 선택했어. 국가가 자신의 삶을 지켜주지 않으니까, 자신의 삶을 스스로 지키겠다고 결심했던 거지.

13 일본이 개항을 요구한 세 곳은 어디였을까?

불평등하게 맺어진 강화도 조약

1853년 미국 페리 제독이 이끌고 온 함대의 위력은 오랫동안 꼭꼭 닫혀 있던 일본의 문을 단박에 열어제쳤어. 일본은 이때부터 서양 문물을 재빨리 받아들였고, 강한 군대를 키워 갔어. 나라의 힘이 커지자 일본은 욕심을 드러내기 시작했어. 우리나라를 발판 삼아 중국까지 지배하려 했지.

이때 조선은 고종의 아버지 흥선대원군의 지배 아래 있었어. 그 무렵 조선 역시 중국을 제외한 다른 나라와 일체 교류하지 않았어. 프랑스, 미국 같은 서양 강대국이 개항을 요구해도 꿋꿋하게 막아내고 있었지. 이를 가만히 지켜본 일본이 조선을 개항시키기 위해 수를 부리기 시작했어. 일본은 영국에서 사들인 군함 운요호를 이끌고 강화도 앞바다에 와서 바다 깊이도 재고, 해안 지형도 조사하고, 마실 물을 얻는다며 보트로 상륙하기까지 했어. 이에 강화도 초지진의 조선군이 운요호를 향해 불법적으로 국경을 침범했으니 물러가라는 뜻으로 포를 쐈어. 일본은 이것을 빌미로 삼아 우세한 화력을 앞세워 초지진을 파괴했지. 그러나 강화도의 넓고 질퍽한 갯벌 때문에 군대를 상륙시키지는 못하고, 남쪽 영종도로 가서 파괴와 약탈을 저질렀어.

운요호 선장은 일본으로 돌아가서 조선이 먼저 포를 쏴서 방어하기 위해 맞대응을 했다고 보고했어. 그 후 일본은 이것을 트집 잡아 강화도로 다시 함대를 보냈어. 이번에는 조선을 개항시킬 목적으로 일본 정부의 권한을 위임받은 협상단을 태워 보냈지. 일본 협상단은 조선 정부가 운요호 사건에 대해 사과와 배상을 해야 한다고 주장했어. 그리고 본래 목적인 개항을 강하게 요구했지. 이렇게 해서 맺은 조약이 바로 '강화도 조약'이야.

강화도에서 조약을 맺던 날 분위기는 아주 살벌했어. 일본 군함 6척이 강화도 앞바다에서 연습을 핑계로 펑펑 포를 쏘아댔지. 협상이 이루어지는 강화유수부의 연무당 주변도 일본군들이 포위하듯 둘러싸고 있었고. 일본 협상단은 이미 조약 내용을 만들어 와서 도장을 찍으라고 으름장을

났어. 그런데 그들이 만들어 온 조약문을 보면 정말 불평등했어. 예를 들면, '부산을 포함해서 세 곳의 항구를 열어서 자신들의 시장과 거주지로 쓸 수 있도록 한다.'거나 '조선의 연안을 마음대로 조사하고 측량할 수 있게 한다.'는 거야. 가장 나쁜 조항은 '개항장에서 일본인이 범죄를 저지르면 일본 법에 따라 처벌한다.'는 것이었어. 이는 조선의 상권을 빼앗고, 조선 정부가 자기 나라에서 일본인의 죄를 물을 수 없게 하는 등 조선의 주권을 침해하는 조항들이었지.

왜 일본은 부산, 원산, 인천을 요구했을까?

강화도 조약 4조에는 부산 외에 두 개의 항을 더 연다고 되어 있었어. 조선은 부산, 원산을 개항하고, 인천에도 개항장을 열었지. 이 개항장들을 통해서 일본인들이 조선 땅에 와서 장사할 수 있게 되었어. 또 일본 화폐를 사용할 수 있었고, 일본에서 수입해 온 물건에 세금을 면제해 주기도 했어. 사실 그때 조선은 물건을 수출하거나 수입할 때 붙는 세금인 관세를 잘 모를 때였어. 이를 이용해서 일본은 자기 나라 수출품에 관세를 내지 않았던 거야. 이러니 일본 상인들은 자기네 상품을 싼 가격에 팔 수 있었지. 일본 상품이 들어오자 조선의 상업은 큰 타격을 받았어.

 일본이 조선 땅에 발을 붙이기 위해서는 먼저 부산이 필요했어. 부산은 지리적으로 일본과 가장 가까운 도시야. 본래 작은 어촌 마을인 부산포였는데, 임진왜란을 겪은 뒤 일본과 대화가 필요할 때면 교섭 장소로 이용되었어. 그러던 부산이 많은 인구와 물건이 오가는 도시로 커진 것

은 강화도 조약으로 개항장이 되고 나서였어.

부산은 아시아 대륙과 태평양이 만나는, 지리적으로 매우 중요한 곳이었어. 게다가 인근에 김해 평야를 포함해서 쌀 생산지가 많았기 때문에 조선의 쌀을 욕심낸 일본이 부산을 첫 번째 개항장으로 요구했던 거야. 일본은 인구는 많은데 평야가 좁아 늘 우리 쌀을 욕심냈지.

부산 다음으로 일본이 개항을 요구한 도시는 동해안의 원산이었어. 원산은 한반도 허리에 쑥 들어간 곳에 있는 항구 도시였어. 일본이 원산을 원한 이유는 남해안의 부산 다음으로 동해안에 개항장을 하나 만들려는 의도였어. 그리고 그 무렵 동쪽으로 세력을 넓히던 러시아 때문이었지. 당시 러시아는 세계에서 가장 큰 나라이자 일본이 조심해야 하는 나라였어. 러시아는 서쪽과 남쪽은 강대국들이 버티고 있고, 북쪽은 얼음의 바다 북극해니까, 동쪽의 태평양을 통해 세계로 진출하고 싶어 했지. 하지만 겨울이 되면 항구들이 모두 얼어버려 배를 띄울 수 없었기 때문에, 겨울에도 얼지 않는 항구가 간절했어. 그런데 한반도에는 겨울에도 얼지 않는 항구 자리가 수백 곳에 이르렀으니 러시아가 우리 땅을 얼마나 욕심냈겠어? 일본은 이런 러시아를 견제하기 위해 동해안의 도시, 원산이 필요했던 거야.

조선이 인천 개항을 끝까지 반대한 이유는?

세 개 항구 중 부산, 원산에 이어 마지막으로 개항한 곳은 인천 제물포였어. 인천은 한양에서 가까운 도시이기 때문에 당시 지식인들은 인천을 개항하면 나라가 위태로워진다고 반대했어. 하지만 일본은 같은 이유로 인천을 강력히 원했어. 결국 마지막까지 지키려 했던 인천까지 문을 열고 말았지. 사실 인천은 항구로 쓰기에 적합한 곳은 아니야. 왜냐하면 인천 앞바다는 밀물과 썰물 때 해수면 높이의 차이가 8미터가 넘어. 세계적으로 조석 간만의 차가 큰 곳으로 손꼽히지. 그러니 배가 인천으로 들어오려 해도 썰물 때는 갯벌이 드러나서 어렵고, 밀물 때라도 수심이 깊지 않아서 큰 배가 들어오기는 어려웠어. 그래서 당시에는 큰 배가 인천 앞바다에 도착하면 작은 배가 바다로 나가서 물건과 사람을 실어오곤 했지. 하지만 이건 정말 불편한 일이었어. 시간도 오래 걸리고, 비용도 많이 들었지. 그래서 일본은 한·일 병합 이듬해인 1911년부터 8년간 대대적인 항만 공사를 벌여서 '갑문식 독'을 만들었어. 갑문식 독은 언제라도 인천으로 배가 드나들 수 있게 물을 가두어 두는 인공 시설이었어.

일본에는 지금도 개항을 통해 자기들이 조선을 근대화시켰다고 주장하는 사람들이 많아. 그러나 그것은 침략자들의 거짓 주장일 뿐이야. 근대식 항구 시설과 철도 등은 일본이 조선을 침략하기 위해 만든 것들이었어. 그 항구와 철도를 통해 조선의 쌀이 헐값에 일본으로 넘어갔어. 반대로 일본 상인들이 가져온 물건들이 배와 기차에 실려 들어와서 조선의 상업을 잡아먹기 시작했고. 조선은 서양 세력과 대항하기 위해 한창 힘을 길러야 할 시기에 일본에 의해 불평등한 개항을 맞으면서 나라의 운명이 더욱 기울기 시작한 거야.

14 일본은 왜 경복궁을 헐고 그 자리에 조선 총독부를 세웠을까?

서울 복판에 들어선 '일본'

일본은 한반도를 발판 삼아 중국까지 점령해서 제국을 건설하려고 했어. 이런 계획을 완성하기 위해서 조선을 영원히 지배하려고 했지. 그래서 조선의 모든 것을 지배하는 총독을 임명하고, 총독부 건물을 지었어. 그런데 일본은 참 악랄했어. 그 건물을 굳이 조선의 왕이 머무는 궁에 지었으니 말이야. '앞으로 왕처럼 너희들을 지배할 것이다.'라고 일본은 말하고 싶었던 것 같아. 총독부 건물의 위치를 보면 경복궁 안에서도 근정전 앞이었어. 근정전은 경복궁에서 가장 권위 있는 중심 건물이었어. 근정전에서는 국왕의 즉위식 같은 국가의 공식 행사가 열리거나 외국 사신들을 맞이했어. 또 근정전 앞마당에서는 과거 시험이 치러지기도 했고. 그런데 그런 근정전을 가리고 그 앞에다 떡 하니 총독부를 지었던 것이지. 일본은 침략 초기부터 일찌감치 경복궁을 훼손했어. 국권을 잃어버린 1910년에 이미 경복궁 전각의 60퍼센트가 헐려 나갔지.

당시 조선인들은 경복궁이 있는 자리는 우리 민족의 정기가 솟아나오는 곳이라고 믿었어. 경복궁 자리가 북쪽의 북악산과 남쪽의 남산을 이

조선 총독부

으며 기운을 흐르게 한다고 믿었거든.

 이를 안 일본은 조선의 민족 정기를 끊으려고 그 자리에 크고 무거운 돌로 건물을 아주 크게 지어 땅을 꽉 눌러놓으려고 했지. 영국의 인도 총독부나 네덜란드의 보루네오 총독부보다도 더 거대하게 지었어.

 조선 총독부는 약 10만 제곱미터 넓이의 땅에 5층 건물로 지었으며, 당시 유행하던 르네상스식 건축 양식을 따랐어. 자재는 우리 땅에서 나는 것으로 했는데, 압록강변에서 가져온 소나무 약 9,500그루가 쓰였고 돌은 가까운 창신동에 있는 돌산을 깎아서 가져왔어. 자갈과 모래는 한강에서, 대리석은 경기도·황해도·평안남도 등에서 다양한 색으로 추려서 가져왔어. 건설 비용은 당시 돈으로 약 680만 원이 들었는데, 이는 쌀 56만 가마에 해당하는 엄청난 금액이었어. 풍수지리학자들은 총독부 자

리는 사람의 몸에서 '입'이고, 총독 관저집 자리는 '목'이라고 보았어. 그러니 그 자리에 건물을 지어 누른다는 것은 조선 왕조와 우리 민족의 숨통을 조이겠다는 의도인 셈이지.

그게 다가 아니야. 총독부 건물은 하늘에서 내려다보면 '日'날일자 모양이었고, 경복궁에서 약 1킬로미터 거리에 있던 경성부청지금의 서울 시청 건물은 '本'근본 본자 모양이었어. 이를 연결해서 보면 '日本'이 되는 것이니, 서울 복판에 일본을 세운 거나 다름없었어.

일제는 우리 민족을 말살하려고
국토에 어떤 짓을 했나?

식민 지배를 하는 데는 두 가지 방법이 있다고 해. 하나는 영국식인데 때리고 괴롭히고 빼앗는 거야. 이런 지배를 받는 사람들은 반드시 독립을 해야겠다고 이를 갈게 된다고 해. 또 하나는 미국식인데 먹을 것을 충분히 주면서 공부는 시키지 않고, 뒤에서 그 나라 대표들을 조종하면서 지배하는 거야. 이 방법은 식민지 사람들의 독립 의지를 꺾는다는 거야. 실제로 미국의 식민지인 괌에 가 보면 주민들에게서 독립 의지나 위기감을 전혀 느낄 수 없지. 일본은 힘으로 억누르는 것은 물론이고, 우리의 언어를 못 쓰게 해서 정신까지도 완전히 지배하려고 했어.

이러한 일제 식민 통치 방식은 서울의 정기를 끊는 것에 그치지 않았어. 전 국토를 조사해서 명당 자리의 산이나 하천의 정기를 끊거나 변형시켰어. 그 예로 명당 중 명당으로 알려진 김유신 장군의 묘 자리에 철도를 놓았지. 이게 다가 아니야.

한반도는 산이 전체 국토의 70퍼센트를 차지하고 있어서, 우리 민족은 산과 함께 살았고, 산을 숭배했어. 한반도의 산들은 서로 이어져 있다고 믿었어. 산맥이라는 말은 일본 학자들이 만든 말이야. 우리는 본래 크고 중심되는 산줄기를 '대간'이라 하고 대간에서 뻗어나오는 산줄기를 '정간', '정맥'이라고 했어. 그중 가장 큰 산줄기가 백두대간이지.

백두대간은 몸의 등뼈 같은 것으로 한반도를 북에서 남까지 하나로 잇는 큰 산줄기야. 백두산에서 단 한 번도 물을 건너지 않고 남쪽의 지리산까지 이어지지. 따라서 백두대간은 우리 민족의 영혼과 같은 산줄기인데 일본은 백두대간 곳곳에 60~100센티미터 정도의 쇠말뚝을 박았고, 산 곳곳을 자르거나 파괴했어. 산을 타고 흐르는 정기를 끊으려고 말이야. 백두대간뿐만 아니라 명당 자리가 있다는 곳이면 전부 찾아다니며 쇠말뚝을 박았어. 그곳에서 훌륭한 장군이나 학자가 나오지 못하게 말이야.

일본은 영원히 한반도를 지배하기 위해 정말 온갖 짓을 다했어. 하지만 우리는 그들과 치열하게 싸웠고, 어둠을 뚫고 해가 솟듯이 1945년에 마침내 독립을 이루었어.

15 위도 38도선을 따라 갈라진 한반도

우리는 어떻게 독립했을까?

1945년 여름, 우리는 해방을 맞았지만 남북으로 분단되어 버렸어. 왜 이런 일이 생겼을까?

남북한의 분단 원인을 알려면 해방이 이루어진 과정을 먼저 알아야 해. 일제 강점기 동안 우리 민족은 독립을 위해 나라 안팎에서 목숨을 걸고 노력했어. 전국적으로 일어났던 3·1운동뿐 아니라 직접 군대를 조직해 일제와 싸웠어. 특히 간도에서 벌어진 봉오동 전투와 청산리 대첩에서 승리하면서 '우리는 싸워 이겨서 독립할 수 있다'는 희망을 갖게 되었어. 일제 역시 우리의 독립을 막기 위해 잔인하게 탄압했어. 하지만 독립운동가들은 해외로 나가 임시 정부를 세우고, 중국 본토는 물론이고 간도와 러시아의 연해주에도 독립 운동 기지를 세워 일본과 싸웠어. 그러던 중 2차 세계 대전이 터졌지. 독일·이탈리아·일본을 중심으로 한편추축국이 되고, 미국·영국·프랑스·소련·중국을 중심으로 또 다른 한편연합국이 되어 싸웠어. 그 전쟁은 연합국의 승리로 끝났지.

특히, 전쟁 막바지에 미국이 일본의 히로시마에 원자폭탄을 투하했어.

원자폭탄의 엄청난 열기를 품은 바람은 주변 10킬로미터 이내의 모든 것을 잿더미로 만들었어. 그래도 일본이 항복하지 않자, 3일 후 미국은 나가사키에 두 번째 원자폭탄을 터트렸어. 두 번의 원자폭탄 폭격으로 일본이 무조건 항복을 하면서 2차 세계 대전이 끝났어. 그런데 우리에게는 너무도 아쉬운 점이 있었어. 사실 우리 광복군은 연합국의 일원으로 전쟁에 참가해서 공을 세우고, 그 대가로 떳떳하게 독립을 주장하려고 했어. 그런데 참전 며칠을 앞두고 전쟁이 끝나버린 거야.

해방 후 김구를 중심으로 하는 대한 민국 임시 정부 지도자들과 여러 민족 지도자들이 한국으로 돌아왔어. 국내에서는 해방 다음 날, 조선 건국 준비 위원회가 만들어졌고, 위원회 인사들은 완전한 독립 국가이자 우리 민족이 원하는 민주주의 정권을 수립하기로 다짐했지. 그런데 강대국들은 우리의 독립보다는 자신들의 이익을 챙기기 바빴어.

당시 미국과 소련은 전쟁에서는 한편이었지만 미국은 자본주의 국가들의 중심이었고, 소련은 사회주의 국가들의 중심이었어. 그래서 미국은 소련을 견제할 수 있는 지리적 장점을 가진 한반도가 필요했어. 이런 욕심은 소련도 마찬가지였어. 소련은 오래전부터 한반도를 통해 태평양으로 진출하려고 했지.

38선이 휴전선이 되다

일본이 무조건 항복하며 전쟁이 끝나자 미국과 소련은 위도 38도 선을 경계로 북쪽에서는 소련이, 남쪽에서는 미국이 일본을 무장해제 시키기

38선임을 알리는 표지판

로 합의했어. 그러니까, 이때까지만 해도 미국과 소련이 우리 땅에서 전쟁 뒤처리를 하나 보다 했어. 하지만 이것이 바로 우리 민족이 갈라서는 시작점이었어. 38선이 그어진 후 남북을 오가는 철도 운행이 중단되고, 38선 상의 도로에는 '38선 팻말'과 함께 차단기가 설치되어 통행을 막았어. 그리고 1950년, 북한이 38선을 넘어 남한을 침략하면서 한국 전쟁이 일어났어. 전쟁은 서로 밀고 밀리기를 반복해 가면서 3년간 이어졌지. 마침내 1953년 7월 27일 휴전 협정을 맺고 38선 대신 정치·군사 분계선인 휴전선이 생겼어.

다른 나라에도 38선과 같은 경계선이 있을까?

38선은 산과 강 같은 자연적 장애물에 따라 구불구불 자연스럽게 생긴 경계선이 아니었어. 하루아침에 지도 위에다 직선으로 그은 정치적인 경계선이었지. 이런 정치적인 경계선은 우리나라뿐 아니라 다른 나라에도 있었어. 아프리카 대륙의 지도를 보면 38선을 닮은 직선의 국경선이 보일 거야. 이것도 강대국들이 탁자에 앉아서 자를 대고 그어놓은 거야. 국경선은 대부분 산맥이나 큰 강, 민족 등을 경계로 나타나는데 제국주의 시절 아프리카를 식민지로 만든 유럽의 국가들이 그것을 무시하고 국경

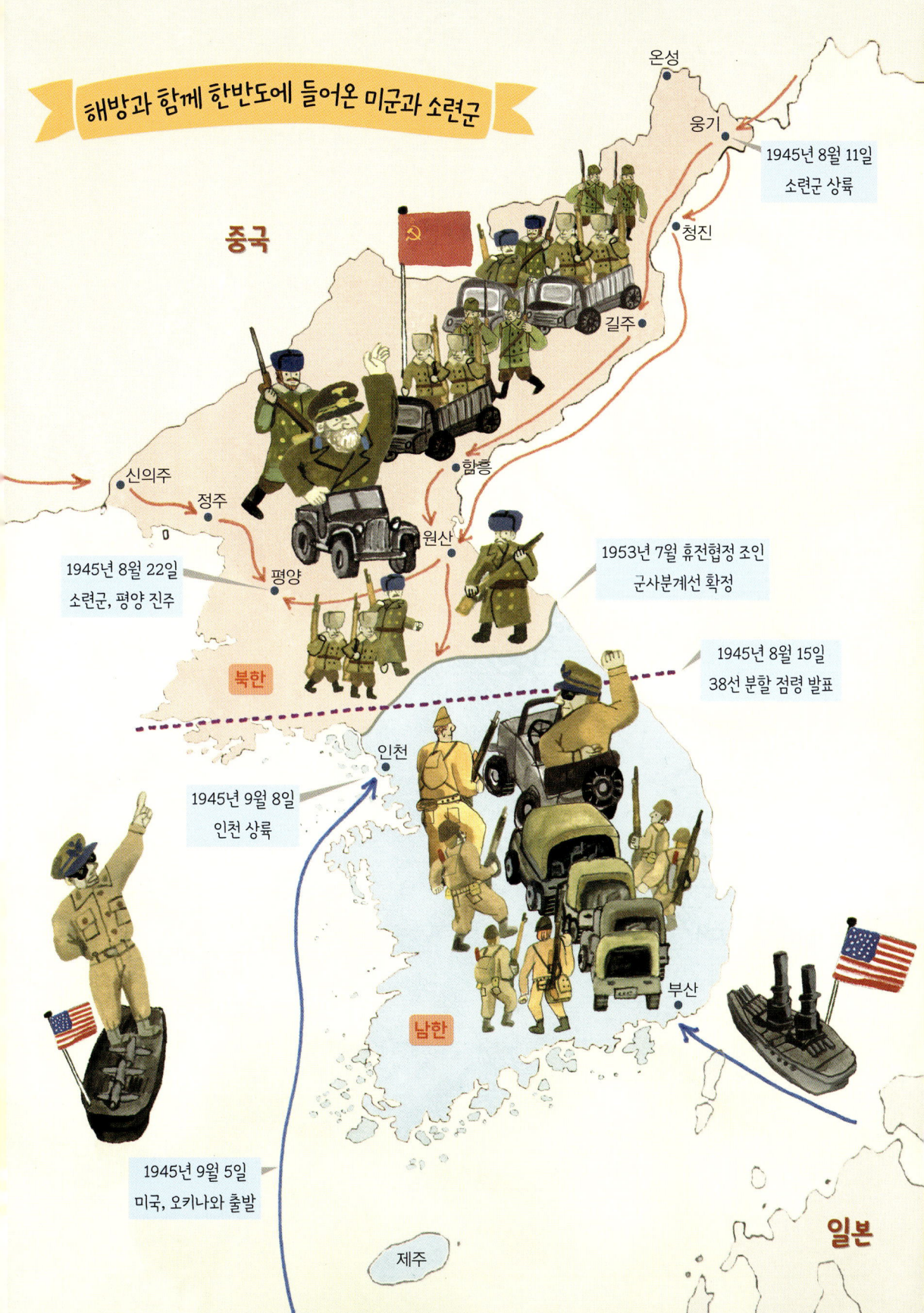

선을 자기 뜻대로 설정했어. 마치 하이에나들이 먹잇감을 여러 조각으로 찢어서 가져가듯이 말이야.

  강대국들이 만든 국경선은 또 다른 문제로 이어졌어. 실제 땅 위에 사는 사람들을 전혀 고려하지 않다 보니, 하나의 민족이 둘로 갈라지거나 원수같이 지내던 민족끼리 하나의 국가로 합쳐지는 경우가 있었어. 그러니 어땠겠어. 둘로 갈라진 민족은 다시 하나의 영토로 합치려 하고, 원수 같은 민족끼리는 갈등과 싸움이 끝없이 이어졌어. 아프리카는 지금도 분쟁이 일어나는 대륙이야. 종교, 자원 등 이런저런 분쟁 원인 중에서도 가장 대표적인 것이 바로 19세기에 강대국들이 마음대로 그어 놓은 국경선이야.

16
국토의 복원 '통일 한국'

'우리의 소원'은 왜 통일일까?

남한과 북한이 함께 행사를 치를 때면 반드시 부르는 노래가 있어. 바로 「우리의 소원은 통일」이야. 근데 왜 우리의 소원은 다른 것도 아니고 꼭 통일인 걸까?

우리는 오천 년의 역사를 가진 민족이야. 아주 긴 시간 동안 한반도에서 살았지. 그동안 주변 나라로부터 크고 작은 침략을 무려 1,000번 가까이 받았지만 지금까지 한반도를 지키며 살고 있어. 따라서 우리 민족은 한반도의 주인이라는 강한 신념과 자부심을 가지고 있지. 그런데 한반도 땅이 둘로 나누어진 지 70여 년이 지났고, 남북한 사람들의 관계도 조금씩 달라지고 있어. 단절된 시간이 더 길어져 100년, 200년이 된다면 서로 언어도 통하지 않을지 몰라. 현재 어린이들에게 "우리나라가 어디야?"라고 물어 보면 누구는 남한이다, 누구는 남북한 합친 한반도다, 라며 다른 대답을 할 거야. 정말 헷갈리지. 통일이 되어서 남북한의 8,000만 모두가 우리나라는 한반도라고 말하는 날은 과연 올까?

'우리의 소원'이 통일인 데는 좀 더 현실적인 이유도 있어. 통일이 되면 자연스럽게 남북한이 전쟁 위협으로부터 벗어날 수 있지. 세상에서 전쟁만큼 무서운 것은 없어. 남한과 북한은 각각 엄청난 무기와 강력한 군대를 보유하고 있는 군사 강국이야. 따라서 이 둘이 전쟁을 한다면 수백만 명 이상의 사망자가 나오고, 국토는 망가져서 50년 전으로 되돌아갈 거래. 또한 남북한의 전쟁은 미국은 물론, 중국·러시아 또는 그 이상의 나라들도 참여하는 3차 세계 대전이 될 수도 있어. 그러니 우리의 통일은 그 자체로 세계 평화에 크게 이바지하는 거지.

통일이 되어야 할 또 하나의 이유가 있는데 분단으로 생긴 이산가족들이야. 이산가족은 가족인데도 만나지 못하고 평생을 눈물로 보고 싶은 마음을 억누르며 살고 있어. 더 슬픈 건 많은 이산가족들이 80~90세가 넘은 고령이고, 시간이 흐르면서 한 분 두 분 세상을 떠나고 있다는 사실이야.

통일은 손해일까, 이익일까?

우리나라에는 '통일을 굳이 할 필요가 있을까?'라고 말하는 사람들도 많아. 왜 그럴까? 여러 가지 이유가 있겠지만 생각해 보면 우선 통일에는 많은 돈이 드는데 내가 낸 세금으로 그 비용을 충당해야 한다는 거지. 이건 통일을 반대하는 사람들이 가장 많이 하는 말이기도 해. 많은 세금을 내고 한 통일이 나 자신에게 얼마나 이익이 되겠느냐는 거야. 통일 비용은 통일이 된 후 정치 및 행정 제도를 수립하고 금융과 화폐를 통합하는 등 국가를 하나로 만드는 데 들어가는 돈이야. 또 범죄와 혼란을 수습하

군사분계선을 사이에 두고 마주 서 있는 남북한의 국기 계양대(이재석)

고, 북한에 도로와 전기, 상하수도 시설을 놓는 데에도 많은 돈이 들 거야. 통일을 반대하는 또 다른 이유는 못사는 북한이 피해만 줄 거라는 거야. 예를 들어, 가난한 북한 사람들이 남한으로 몰려와 남한 사회는 더 혼란스럽고, 범죄도 늘어날 거라는 주장이야. 물론, 그럴 수도 있어. 하지만 그건 통일 직후, 짧은 시간 동안 나타날 혼란일 거야. 우리는 그런 혼란을 정리하고 새롭게 출발할 능력이 있는 국민이야.

그럼, 이제부터는 반대로 통일이 어떤 이익을 가져올지 가늠해 볼까? 통일과 관련된 비용에는 통일 비용 말고 분단 비용도 있어. 분단 비용은 지금 남북한이 분단되어 있기 때문에 드는 비용이지. 일단 수십 만 명의 병력을 유지하는 것과 총·폭탄·미사일 등 무기를 구입하는 데 엄청난 돈이 들어. 북한 땅을 이용하지 못해서 생기는 손해도 크지. 더구나 이런 비용은 훗날 어떤 보탬도 되지 않고, 쓰고 나면 사라지는 비용이야. 현재 무기 구입과 군대 유지에 드는 돈을 교육에 쓴다면 우리 국민 모두가 대학교까지 무료로 다녀도 될 거야.

또 북한에는 엄청난 양의 지하 자원이 있어. 석탄, 철광석, 마그네사이트, 금, 은 같은 광물들 말이야. 지금 돈으로 따지면 수천조 원 값어치에 해당하지. 북한에는 고등학교 이상 교육을 받은 인력도 충분해. 남한의 회사에서 북한의 노동자를 고용한다면 언어 소통에 문제가 없기 때문에 중국이나 동남아시아의 노동자들보다 훨씬 생산성이 높을 거야. 그리고 남한은 세계적인 기술 강국이고 10대 무역국으로서 대규모 자본을 투자할 수 있는 능력이 있어. 따라서 남한의 기술력과 자본이 북한의 노동력과 자원을 만나면 우리 경제는 더 크고 튼튼하게 발전할 거야.

통일은 우리 국토를 어떻게 변화시킬까?

지금 우리나라가 어디까지냐고 물으면 그 누구도 분명하게 답하기 힘들어. 헌법 제3조에서는 "우리 영토는 한반도와 그 부속 도서로 한다." 이렇게 되어 있어. 여기서 한반도는 남한과 북한을 합친 말이지. 그러니까 헌법에서는 북한을 국가로 인정하지 않아. 그런데 남북 정상 회담이니 이런 말을 들어 보면 현실적으로 북한을 국가로 인정한다고 봐야겠지. 만약, 통일이 된다면 이런 헷갈리는 상황이 말끔하게 정리될 거야. 우리 국토의 넓이는 남한의 약 10만 제곱킬로미터에서 남북한 합친 22만 제곱킬로미터로 늘어나서, 지금의 영국과 비슷한 크기의 영토를 갖게 되

지. 그리고 현재 남한 인구 5,100만 명의 나라에서 남북한 인구 8,000만 명의 나라로 바뀌지. 현재 우리나라는 세계에서 출산율이 가장 낮은 나라야. 그런데 한순간에 3,000만 명 가까운 인구가 늘어나니까 얼마나 다행이야. 인구 수는 중요해. 강대국이 되려면 1억 명 정도의 인구가 필요하다고 하니까.

한편, 우리 국토의 허리에 걸쳐 있는 휴전선 철조망이 사라지고 남한과 북한을 잇는 과거의 도로와 철도가 되살아날 거야. 그리고 그 길을 따라 공업 단지나 도시가 들어서고, 휴전선 주변의 비무장 지대는 원시의 자연이 살아 있는 곳으로 세계적인 자연사 박물관인 동시에 관광 명소가 될 거야.

통일이 되면 우리 국토는 교통과 물류에서 금덩어리만큼 값진 곳으로 바뀔 수 있어. 유라시아 대륙과 태평양을 잇는 한반도의 특성을 살려 동부아시아 무역의 중심지로 거듭나게 될 테지. 사실 국토의 이용 면에서 현재 남한은 섬과 같잖아. 동쪽·서쪽·남쪽은 바다로 둘러싸여 있고, 북쪽은 육지지만 갈 수 없는 곳이니까 결국 섬과 같아. 그래서 중국이나 러시아가 한반도와 붙어 있지만 우리는 비행기나 배를 이용해야만 갈 수 있어. 통일이 된다면 도로와 철도가 북한을 거쳐 중국, 몽골, 러시아로 이어질 것이고, 더 나아가 중앙아시아, 서남아시아, 유럽까지도 달려갈 수 있지. 그렇게 되면 아시아와 유럽의 무역에 필요한 시간과 비용이 크게 줄어들어서 우리나라의 경제 발전에 큰 보탬이 될 거야.

그뿐만 아니라 북한에서는 도로와 상하수도 시설을 만들고, 전력 개발

끊어진 경의선 철도

과 관련된 공사들이 활발히 일어나면서 많은 일자리가 생길 거야. 그렇게 되면 북한 사람들의 소득도 올라가고, 남한에서도 전문 기술자나 자본가들이 북한의 지역 개발에 동참할 수 있게 돼. 그러면 지금의 중국처럼 북한 곳곳이 건설 현장으로 바뀌고, 북한은 하루가 다르게 변화하는 곳이 될 거야. 시간은 좀 걸리겠지만 훗날 북한에도 남한 버금가는 도시들이 생겨날 수 있어.

또 통일이 된다면 우리를 둘러싸고 있던 남북한 전쟁의 그림자가 사라지고, 해외에서 많은 사람들이 새로 생긴 평화의 땅을 보기 위해 몰려올 거야. 국내에서도 남한 사람들은 북한 땅을 보기 위해, 북한 사람들은 남한 땅을 보기 위해 쉴 새 없이 오고 갈 거야. 우리 국토는 수많은 인구 이동으로 북적북적, 사람 사는 냄새가 나는 땅이 될 거야.

징검다리 역사책 19
지도 위의 한국사

2019년 7월 12일 1판 1쇄
2022년 5월 10일 1판 3쇄

지은이 조지욱 | 그린이 김효진

편집 강변구, 이진, 이창연 | 디자인 자자주
제작 박흥기 | 마케팅 이병규, 이민정, 최다은 | 마케팅 조민희, 강효원
인쇄 코리아피앤피 | 제책 J&D바인텍

펴낸이 강맑실 | 펴낸곳 (주)사계절출판사 | 등록 제406-2003-034호
주소 (우)10881 경기도 파주시 회동길 252
전화 031) 955-8588, 8558
전송 마케팅부 031) 955-8595 편집부 031) 955-8596
홈페이지 www.sakyejul.net | 전자우편 skj@sakyejul.com | 블로그 blog.naver.com/skjmail
페이스북 facebook.com/sakyejulkid | 인스타그램 instagram.com/sakyejulkid

ⓒ 조지욱, 김효진 2019

값은 뒤표지에 적혀 있습니다. 잘못 만든 책은 구입하신 서점에서 바꾸어 드립니다.
사계절출판사는 성장의 의미를 생각합니다. 사계절출판사는 독자 여러분의 의견에 늘 귀 기울이고 있습니다.
이 책은 저작권법에 따라 보호받는 저작물이므로 무단전재와 복제를 금합니다.

ISBN 979-11-6094-491-4 74900
ISBN 978-89-5828-674-9 (세트)